U0839468

珍藏本
纪念版

汉译世界学术名著丛书

人是机器

〔法〕拉·梅特里 著

顾寿观 译

王太庆 校

2017年·北京

Julien Offroy de La Mettrie

L'HOMME MACHINE

Éditions Bossard

Paris,1921

根据法国巴黎波沙尔德出版局1921年版译出

译者说明

本书的翻译是由北京大学哲学系外国哲学史教研室组织的。正文由顾寿观译出;"出版者的声明"和"献词"由王太庆译出。我们在译校过程中曾经参考过 G. G. Bussey 的英译本(1912 年芝加哥版)和 M. Tisserand 所编《拉·梅特里文选》(1954 年巴黎社会出版社《人民古典丛书》版)中的说明和注释。

汉译世界学术名著丛书
（120年纪念版·珍藏本）
出版说明

2017年2月11日，商务印书馆迎来120岁的生日。120年前，商务印书馆前贤怀揣文化救国的理想，抱持“昌明教育，开启民智”的使命，立足本土，放眼寰宇，以出版为津梁，沟通中西，为中国、为世界提供最富智慧的思想文化成果。无论世事白云苍狗，潮流左右激荡，甚至战火硝烟弥漫，始终践行学术报国之志，无改初心。

迻译世界各国学术名著，即其一端。早在20世纪初年便出版《原富》《天演论》等影响至今的代表性著作，1950年代后更致力于外国哲学和社会科学经典的译介，及至1980年代，辑为“汉译世界学术名著丛书”，汇涓为流，蔚为大观。丛书自1981年开始出版，历时三十余年，迄今已推出七百种，是我国现代出版史上规模最大、最为重要的学术翻译工程。

丛书所选之书，立场观点不囿于一派，学科领域不限于一门，皆为文明开启以来，各时代、各国家、各民族的思想与文化精粹，代表着人类已经到达过的精神境界。丛书系统译介世界学术经典，引领时代思想，为本土原创学术的发展提供丰富的文化滋养，为推动中国现代学术和现代化进程做出了突出的贡献。

为纪念商务印书馆成立120周年，我们整体推出“汉译世界学术名著丛书”120年纪念版的珍藏本，寄望既利于文化积累，又便于研读查考，同时向长期支持丛书出版的译者、编者和读者致以敬意。

两甲子后的今天，商务印书馆又站在了一个新的历史时间节点上。我们不仅要铭记先辈的身影和足迹，更须让我们的步伐充满新的时代精神。这是商务人代代相传的事业，更是与国家和民族的命运始终紧密相连的事业。我们责无旁贷，必须做好我们这代人的传承与创造，让我们的努力和成果不仅凝聚成民族文化的记忆，还能成为后来人可以接续的事业。唯此，才能不负前贤，无愧来者。

商务印书馆编辑部

2017年10月

目　　录

出版者的声明[①]

大家也许会觉得很惊讶，我居然敢把自己的名字放到一本像这样大胆的书上。假如我不是相信一切图谋颠覆宗教的企图都危害不了宗教，假如我能够相信另一位出版家不会心甘情愿地去做我自己凭着良心加以拒绝的事情的话，我是一定不会这样做的。我知道，如果小心谨慎，就最好不要给那些心智薄弱的人任何受引诱的机会。可是就假定心智薄弱的人会受引诱，我把这本书读了一下，觉得也根本用不着为他们担忧。为什么要这样诚惶诚恐地去禁止那些违反神圣观念和宗教观念的言论呢？这样做岂不是反而使人相信自己会受诱惑？岂不是证明人们一开始怀疑，信心就立刻消失，因而宗教也就立刻永别了！如果我们害怕那些不信宗教的人，又有什么办法、什么希望来慑服他们呢？如果禁止他们使用自己的理性，只是一味轻率地斥责他们的行为，而不去考察一下，看看这些行为是否应该受到他们自己的那种思想方式的斥责，又怎样能够把那些人引回正路呢？

这样一种做法反而对那些不信宗教的人有利；他们讥笑宗教，说我们的无知要使我们不能与哲学相调和：他们在他们的壁垒里

① 这声明是1748年作者匿名发表的原版上的。——译者

高唱凯歌，说我们的战斗方法使他们相信自己是不可战胜的。如果宗教没有胜利，那是由于那些保卫宗教的低劣作家们的错误。让优秀的作家们拿起笔来，让他们好好地武装起来，让神学对一个这样脆弱的敌手占上风吧。我把无神论者比作那些意图攀登上天的巨人，他们将永远具有同样的命运。

我认为应当把这些话放在这本小册子的卷首，以预防一切顾虑。驳斥我所印出来的东西对于我是不相宜的，甚至对这本书里的议论表示我的意见也不妥当。内行的人会很容易地看出，这只是由于我们在企图解释心灵与身体的结合时总要发生一些困难。如果作者所得出的那些结论是有危害性的，但愿大家记得那些结论只是以一个假设为基础。难道还用得着再去摧毁它们吗？假如允许我设想自己所不相信的事的话，就算这结论很难推翻，那也只不过是得到一个较好的机会出出风头罢了。打毫无危险的仗，战胜了也不光荣。

这位我根本不认识的作者从柏林给我寄来他的著作，他只是请求我寄六册样本到阿尔让斯侯爵先生的住址去。显然这只能说是他不愿让人知道，因为我深信这个地址本身只不过是开玩笑的。

献　　词

葛廷根大学医学教授

哈勒尔先生①

这里并不是一篇献辞；您比我所能加给您的一切颂扬都要高得多；如果这是一篇学院文章，我就觉得没有更无益、更无味的了。这并不是一篇说明，叙述着我用来重新提出一个屡经讨论的陈旧问题的新方法。您至少可以发现它具有这种价值，您此外也可以评判您的学生和朋友是否很好地完成了他的任务。我要说的是我写这部作品的愉快；我呈献给您的是我本人，而不是我的书，为的是自己弄明白这种崇高的研究欲的性质。这篇文章的主旨就是如此。有些著作家自己没有什么可说的，为了补偿他们的想象力的枯燥，便拿出一篇根本就没有想象力的文章来：我将不会是第一个这样的人。请告诉我，阿波罗②的双倍的儿子，著名的瑞士人，近代的弗拉卡斯托③，既善于认识自然，又善于测度自然的您，既要感受自然，更要说明自然的您，身为博学的医师，更是伟大诗人的

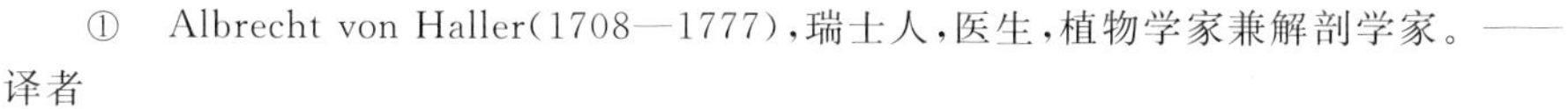

① Albrecht von Haller(1708—1777)，瑞士人，医生，植物学家兼解剖学家。——译者

② Apollon，希腊神话中的太阳神，被认为是最智慧的。——译者

③ Girolamo Fracastoro(1483—1553)，意大利医生，物理学家，天文学家兼诗人。——译者

您，请告诉我：要靠哪些魅力，研究才能把钟点化为顷刻？这些迥异于庸俗快乐的精神快乐，它们的本性是什么？……读了您的那些迷人的诗，我自己太感动了，简直无法说出它们所给我的鼓舞。人，从这个观点去看，是与我心目中的对象毫无阻隔的。

官能的欲望，不管它是多么可爱和可亲，也不管一个青年法国医生的那支看来既知恩又优雅的笔给它作了多少赞颂，它只有一种唯一的享受，这种享受就是它的坟墓。如果极度的快乐不至于把官能的欲望一下杀死的话，它也应当要有一定的时间来复活。精神快乐的源泉是多么不同啊！愈是接近真理，便愈加发现真理的迷人。不但真理的享受可以增进欲望，而且只要一开始寻求享受，就当下得到享受了。人们享受了很久，然而却觉得比闪电还快。假如说像精神高于肉体那样，精神欲望高于肉体欲望，那难道还用得着惊奇？精神岂不是第一个官能，并且是一切感觉的会合？一切感觉岂不是都以精神为归宿，就像光线都以发光的中心为归宿一样？所以我们不必再追问，一颗由热爱真理而燃烧起来的心，究竟是靠哪些无敌的魅力，可以说一下子就转入了一个最美的世界，在那里享受天神才配享有的快乐。在自然界的一切吸引力中，那最强烈的吸引力，至少对于我，就像对于您一样，亲爱的哈勒尔，就是哲学的吸引力。还有比为理性和智慧引入哲学的殿堂更光荣的事吗！还有比掌握自己的一切精神更愉快的胜利吗！

我们来检视一番庸俗心灵所不知道的这些快乐的全部对象吧。它们究竟没有哪种美，没有哪种宏伟呢？时间，空间，无限，大地，海洋，天宇，一切元素，一切科学，一切艺术，都是这种欲望的对象。精神的欲望在世界的范围内是太局促了，它能想象一百万个世界。整个自然界是它的食粮，想象力是它的胜利。我们再来考察一下细节吧。

使深知醉心的快乐的人们满足的，有时是诗或画，有时是音乐或建筑，歌，舞等等。看看坐在歌剧院的包厢里的黛尔葩（毕戎[①]的妻子）吧，她一会儿苍白，一会儿绯红，她看到勒贝尔时循规蹈矩，看到伊菲格妮时柔肠寸断，看到罗兰时怒发冲冠。乐队给人的每一个印象都表现在她的面容上，就像表现在画面上一样。她的两眼时而温柔，时而狂喜，大笑，或者做出一个勇敢战士的英姿。人们把她当做一个精神错乱的女人。她根本不是精神错乱，有的只是一种感受快乐的癫狂。她只是为千百种我所感受不到的美所感动。

伏尔泰对他的美洛普[②]不能不流泪；这是因为他感受到作品的价值和女演员的价值。您读过他的著作，很可惜他没有能够读您的著作。在谁的手里、在谁的记忆里没有这些著作呢？有什么人的心会硬到不为这些著作所感动呢！他的一切审美观念怎样会不为人所接受呢？他是激动地说出这些观念的。

听一位伟大的画家谈绘画吧，我是在过去读理查孙[③]的序文时注意到的。有什么赞词他没有加给绘画？他崇拜绘画的艺术，把它放在一切之上，他几乎怀疑到如果没有绘画，人们是否还能有幸福。他是多么为他的职业所迷啊！

在读希腊、英国、法国的悲剧诗人的一些美好的台词时，或者

① Piron（1689—1773），与拉·梅特里同时的法国诗人。——译者

② Mérope，伏尔泰戏剧中的主角。——译者

③ Jonathan Richardson（1665—1745），著名的英国画家，著有“画论”。——译者

在读某些哲学著作时，谁没有领略过与斯卡利杰[①]或马尔布朗希神父同样的激动呢？达西叶夫人[②]从来没有考虑过她丈夫给她的期许，她的发现却多上百倍。如果我们领略到翻译或发挥别人思想的一种兴奋，那么，我们自己思想时又将如何？由欣赏自然和研究真理而发生那些观念，是怎样产生，怎样造成的呢？心灵凭借着意志的活动或记忆的活动，以某种方式滋生繁衍：它把一个观念联结到另一个同类的迹象上，为了使它们相类似，以及为了使它们结合起来，于是便诞生出第三个观念。怎样描绘这种意志的活动或记忆的活动呢？观摩自然的产物吧。自然的齐一性就是这样，因为它的产物几乎都是以同样的方式造成的。

官能的快乐如果不善加节制，便要丧失它的全部活力，不再成为快乐。精神的快乐在某一点上是与官能的快乐相类似的。应当让它暂时中止，才能使它敏锐。总之，研究是会使人心醉神迷的，就像爱情一样。如果允许我这样说的话，我说这就是一种精神的凝聚，它的发生，是由于精神忘其所以地醉心于夺其心魄的对象，以致有如摆脱了自己的躯壳和周围的一切，整个投入它所追求的东西。由于感受的力量，它什么都感觉不到了。追求真理和发现真理时所尝到的快乐就是这样。估量一下阿基米德心醉神迷时真理的魅力吧，您知道这种力量是要了他的命的。

尽管别的人投身于人群之中，以免认识自己或者怨恨自己，明哲之士则避开大世界而寻求孤独。为什么他只是孤芳自赏，而不

① Scaliger(1484—1558)，意大利博学的语文学家兼医生。——译者

② André Dacier(1651—1722)，法国语文学家，他的夫人 Anne Lefebvre(1654—1720)是杰出的希腊拉丁学者，以翻译“伊利亚德”和“奥德赛”著名。——译者

乐于与侪辈相处呢？这是因为他的心灵是一面忠实的镜子，他的正当的自爱认为在这面镜子里照看自己是有益的。一个人是正直的，就根本用不着害怕认识自己，只要自爱不包藏那种自鸣得意的危险。

一个人从天上往地下看，别人就都变得渺小不足道了，最宏伟的宫殿就都变成了草棚，千军万马就显得像一群为了一粒谷而拼命打架的蚂蚁——在一位像您这样明哲的人看来，万事万物就是这样。您看见人们的那些无谓的骚动就付之一笑，他们的人数虽然多到大地难容，却是无缘无故地挤来挤去，他们谁也不称心，乃是当然的事。

颇普[①]在他的《论人》那本书里表现得真是高明！王公大人们在他面前是多么渺小。您啊，与其说是我的老师，不如说是我的朋友，您从自然得到的才智同您所瞧不起的那个人是一样多，负心人啊，您是不配在科学中出人头地的：您教我像那位大诗人那样，将帝王们郑重其事地搞的那些不值一文的玩意付之一笑，这毋宁说是教我对它们叹一口气。我的福气是您那里来的。不，征服全世界也抵不上一个哲学家在他的书房里所尝到的那种快乐，他周围环绕着一些哑巴朋友，然而他们却向他说尽了他想听的话。但愿上帝不要剥夺我的需要和健康，这就是我向他要求的一切。有了健康，我就会不厌地喜爱生命。有了需要，我的愉快的精神就会不断地钻研智慧。

是的，研究是任何年龄、任何地点、任何季节、任何时刻都可以

① Pope(1688—1744)，英国诗人。——译者

得到的一种快乐。西塞罗对哪个有成功的研究经验的人没有妒忌过？这种快乐使年轻时的娱乐减轻了猛烈的肉欲成分；为了充分享受这种快乐，我有一个时候曾经强迫过自己放弃爱情。爱情对于一个明哲的人并不造成任何恐怖，它是善于使两个人结合，使两个人互相尊重的。遮蔽它的理解力的乌云并不使它懈怠；乌云只是指点出应当用什么补救的办法来使乌云消散。当然太阳是不会很快地使大气中的云层离去的。

在老年，在两鬓成霜的年龄，人们已经与青年时代不同，不能给人别的快乐，也不能取得别的快乐了，那时候还有什么比读书和沉思更好的办法！有一天，有个怀着虚荣心开始感到了做作家的快乐的人向我说：成天看见在自己的眼前，在自己的手里有一部可以使后世的人以及当代的人喜悦的著作在成长和形成，是多么快乐！我愿意把我的生命消磨在往来于自己的家与出版者的家之间。他说得不对吗？当受到赞扬的时候，有哪个慈爱的母亲比生了一个可爱的儿子更喜悦？

为什么要这样夸耀研究的快乐呢？谁不知道这是一种不带别种好处所附带的厌倦不安的好处？谁不知道这是一个无尽的宝藏，是一种最可靠的慰藉，可以抵消那种与我们行坐不离，形影相随的剧烈痛苦？打碎了自己一切偏见的锁链的人是幸福的！只有这种人才能完全纯粹地尝到这种快乐吗？只有这种人才能享受这种精神上甜蜜的恬静，才能享受一个勇敢而无野心的心灵的极度愉悦。这种愉悦乃是幸福之父，如果它不就是幸福的话。

让我们停一会儿，把花朵投掷到由明诺娃和你给戴上了不朽的常春藤冠的那些人的道路上吧。花神在这里邀请您和林奈[①]一道从新的小径登上阿尔卑斯山的冰峰,以便在那里观赏另一座雪山下一个由自然的双手种植的花园:这个花园从前乃是这位瑞典教授承袭的全部遗产。从那里你再下山走进这些花圃,花圃中的花草正在等待他整理出一个次序来,因为这些花草显然是被忽视到如今了。

在那里我看到了莫伯都依[②]这个法国的光荣,可是另外一个国家才配享受这个光荣。他离开了一个朋友的餐桌,这位朋友乃是最伟大的国王。他到哪里去?到自然议会去,牛顿在那里等他。

对于化学家、几何学家、物理学家、力学家、解剖学家等等,我将说些什么呢?这些人的考察死人的乐趣,几乎与我们使死人复活的乐趣一样大。

然而一切都要让位于治病的伟大艺术。有人在我面前说过,医生是唯一无愧于祖国的哲学家。医生好像是在生命的暴风雨中的海伦的兄弟[③]。多么奇妙,多么不可思议啊!他只要看一眼,就使血脉平静,就使一个激动的心灵泰然,就使可怜的凡夫们心中甜蜜的希望复活了。他宣告生和死,就像天文学家预报日食一样。每个人都有他照耀自己的火炬。可是,如果精神乐于发现那些指导它的规则的话,当事实证明了它的大胆是正确的时候,是多么大

① Linné(1707—1778),瑞典植物学家,分类学的创始人。——译者

② Maupertuis(1698—1759),法国几何学家,普鲁士国王腓特烈第二的宾客,曾任普鲁士科学院院长。拉·梅特里自己也做过腓特烈第二的宾客。——译者

③ Hélène,希腊神话中的著名美女,幼时为雅典的提修斯所掳,她的兄弟卡斯托和波里兑开斯把她救出来。——译者

的胜利啊！——这种可喜的经验是您天天有的。

所以科学的第一种功用就是钻研科学；这已经是一种真正的、坚实的好处。有研究的兴味的人是幸福的！能够通过研究使自己的精神摆脱妄念并使自己摆脱虚荣心的人更加幸福。您还在幼年的时候，智慧的双手就已经把您引向令人向往的目的了，可是有多少迂腐的学究，辛辛苦苦了四五十年，被偏见的重荷压得弯腰驼背，比被时间压得还要厉害，看起来什么都学过了，却单单没有学会思想。研究真理的珍贵科学，在学者中间高于一切，然而这种科学至少已经成为一切其他科学的成果了。我从童年起专心研究的，就是这门唯一的科学。请您评判一下吧，先生，但愿我的友情的这件礼物永远为您的友情所眷爱。

人是机器

那是不是最高本体的光芒，
　　人们把它描绘得如此辉煌？
那是不是圣灵保存在我们身上？
精神与我们的官能同生同长，同样萎黄：
　　哎呀！它一样要死亡。

——伏尔泰

一个明智的人，仅仅自己研究自然和真理是不够的，他应该敢于把真理说出来，帮助少数愿意思想并且能够思想的人；因为其余甘心做偏见的奴隶的人，要他们接近真理，原来不比要蛤蟆飞上天更容易。

我把哲学家们论述人类心灵的体系归结为两类，第一类，也是最古老的一类，是唯物论的体系；第二类是唯灵论的体系。

有些形而上学家们曾经暗示过，说物质也很可能具有思想的能力。不能说他们辱没了他们的理性。为什么呢？因为他们有这样一个好处（因为在这里这要算一个好处）：含糊其辞。其实，问物质能不能思想，而除了把物质当做物质本身以外，不作任何别的考虑，这就等于是问物质能不能报告钟点时间。可以预见，我们是要避开这个暗礁的，洛克先生不幸正就是覆灭在这块暗礁上。

莱布尼兹主义者们，以他们的所谓单子建立了一个谁也不懂的假定。与其说他们物质化了心灵，不如说他们把物质心灵化了。一个存在，如果说它的性质是我们所绝对不知道的，试问我们怎么样给它下定义呢？

笛卡尔以及所有的笛卡尔主义者们（人们把马尔布朗希派也算作笛卡尔主义者是很久的事了），也犯了同样的错误。他们认为人身上有两种不同的实体，就好像他们亲眼看见，并且曾经好好数过一下似的。

那些最明智不过的人是这样说的：只有凭着信仰的光辉，心灵才能认识自己；但是，以理性动物的资格，他们相信可以为自己保留一种权利，来考察圣经上说到人的心灵时所用的**精神**这两个字究竟是什么意义；并且，如果说在他们的研究里，在这一点上他们和神学家们是不一致的，在所有的其他点上，神学家们自己之间意见难道就更一致些吗？

用很少几句话来概括他们的一切思想结果，就是：

如果有一个上帝，那么，他就既是自然的创造者，也是启示的创造者；他给了我们一个来解释另一个；他又给了我们理性来使这两者一致起来。

不信任我们从生命体中所能汲取来的各种知识，这就等于视自然和启示为两个互相敌对互相破坏的对立物，因此便胆敢主张这一种谬论：认为上帝在他的各种不同的作品里自相矛盾，并且欺骗我们。

所以，如果有一种启示，它就不能是和自然相矛盾的。只有依靠自然，我们才能明了福音书里那些话语的意义，只有经验才是福音书的真正的解释者。事实上，所有别的注释家们直到现在只是把真理愈搞愈糊涂而已。这一点我们且拿《自然景象》[1]这本书的作者为例，也就可以想见一斑了。在谈到洛克先生的时候，他说

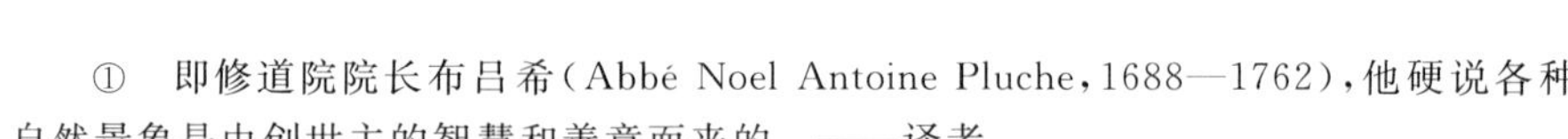

① 即修道院院长布吕希（Abbé Noel Antoine Pluche，1688—1762），他硬说各种自然景象是由创世主的智慧和善意而来的。——译者

道:“真真令人吃惊,一个把我们的心灵贬抑到认为是一个尘土的心灵的人,竟敢把理性当做信仰的各种神秘经验的法官和最高裁判者;”他接着说,“因为,如果你要去听从理性,那你把基督教就不知道会想成什么东西了。”

且不说这些思想对于阐明信仰丝毫没有帮助,并且它对于那些相信有能力解释圣经的人所用的方法所提出来的是这样一些极无意义的反对,使我觉得花时间去驳斥它几乎都是可耻的。

首先,理性的优越并不在于一个大而空洞的名词(非物质性),而在于它的力量,它的广大的应用和它的洞彻的理解力。因此一个尘土的心灵,如果它在无数难以把握的概念中间,一眼便看出了它们的关系和次序,显然这个尘土的心灵比一个任凭用什么最贵重的材料拼起来的但是蠢笨的心灵要好得多。像普林尼[①]那样,对我们出身的微贱感到羞耻,那就不算是什么哲学家了。看起来是低微的东西,在这里却是最可贵的;为了这样的东西,看样子自然却是花费过最大的心机和最大的努力的。但是既然对人说来,并不因为他的起源低微——就算是他的起源再低十倍吧——便因之不是一切存在中最完美的存在,那么管他的心灵是个什么起源呢,如果这个心灵是纯洁的,高尚的,崇高的,它就是一个美丽的心灵,它就使任何赋有它的人都很可敬。

至于布吕希先生的第二种推论方式,我觉得即使在他自己那个有点近乎偏执的体系里,也是很有毛病的;因为如果我们认为信

① 指罗马作家老普林尼(Plinius Major),他在所著的《自然史》中说人是无力的,连禽兽都不如。——译者

仰与最清楚的原则、最无可争辩的真理是相反的，那么，为了尊敬我们的启示和启示的创造主的荣誉起见，必须让我们相信：这个想法是错误的，我们对于福音书的话语的意义还是一窍不通的！

二者必居其一：或者是不论自然和启示全都是幻觉；或者是只有经验能够解释信仰。难道还有比这位作者的看法更可笑的么？我仿佛听见一位逍遥学派[①]的人说："绝对不能相信托里采利的经验，因为如果我们相信了它，如果我们取消了'自然怕真空'的说法，那我们会有一种什么样的不可思议的哲学呢？"

我已经指出布吕希先生的推论错误到多么严重的程度[②]，这首先是为了证明：如果有一种启示，像一切害怕理性的人所要求的那样，仅仅依靠教会的权威而不用任何理性的检验，那是根本没有充分证明的；其次是为了保卫愿意走我为他们开辟的道路的人所用的那种方法，即用每个人得之于自然的光明，来解释那些超自然的、本身不可理解的东西。

因此在这里指导我们的只有经验和观察。在那些曾是哲学家的医生们的记录里，处处都是经验和观察，但是那些不曾做过医生的哲学家们，却一点经验和观察都没有。前者打着火把走遍了、照亮了人身这座迷宫；只有他们才为我们揭开了那些隐藏在层层帷幕之下的机栝，这些帷幕遮蔽了为我们所看不到的无数奇迹。只有它们静静地窥视着我们的心灵，曾经千百次地，不论是在它畏葸的时候，或是正遇上它慷慨伟大的时候，突然抓住了它，既不因前

① 即亚里士多德的门徒。——译者

② 显然他是犯了丐词的错误。

一种情况而更轻视它,也不因后一种情况而更夸奖它。再说一次:只有这些医生们在这里才有发言权。至于其他的那些人们,尤其是神学家们,能够告诉我们一些什么呢?听他们恬不知耻地决定一个他们根本没有能力认识的问题,岂不很可笑么?相反地,他们的那些晦涩的学问正好歪曲了这个问题,这些学问把他们引导到千百种偏见上去,总而言之,把他们引导到宗教狂热上去,这就更加重了他们对于人体机械作用的彻底无知。

但是即使我们已经选择了最好的向导,我们还会发现在这条道路上荆棘和障碍是丛生着的。

人是一架如此复杂的机器,要想一开始便对它有一个明确的完整的概念,也就是说,一开始便想给它下一个定义,这样的事是不可能的。就是因为这个缘故,那些最大的哲学家们先天地、也就是说想借助于精神的羽翼作出来的研究,结果证明都是枉费心机。因此除了后天地,是别无办法可想的;也就是说,只有设法,或者说,通过从人体的器官把心灵解剖分析出来,这样我们才有可能——我不说这样便无可争辩地发现了人性本身,但至少是——在这个问题上接近最大程度的或然性。

因此,我们且拿起经验这根指路杖,把历来哲学家们的空谈都扔在一边吧。既是一个瞎子,又相信用不着这根指路杖的,那真是瞎到底了。有一个近代人说,只有虚荣心才使人不能从第二等的原因里得到如同从第一等的原因[①]里得到的同样的益处。这位先

① “第二等的原因”即事物的直接原因,可以感觉得到;“第一等的原因”则是指事物的根本原因,亦即形而上学的原因,是感觉不到的。这两个名词是经院哲学的名词。——译者

生说得也真是有道理！是的，人们可以甚至也应该从那些真正百无一用的皇皇巨著去赞美所有一切这些了不起的天才们，去赞美这些笛卡尔们，马尔布朗希们，莱布尼兹们和沃尔夫[①]们……等等；但是我请问从他们那些深奥的玄想里，从他们的一切作品里，我们究竟得到了什么益处呢？让我们从现在开始，且不管人们曾经怎么想，而只是看看为了使生命安宁，我们该怎样想吧！

有多少种体质，便有多少种不同的精神，不同的性格和不同的风俗。伽伦[②]就早已经认识了这一真理，而笛卡尔——不是希波克拉特[③]，像《心灵史》一书的作者[④]所说——则更推进了这个真理，进而认为只有医学才能借改变躯体而改变精神、风俗和习惯。这是真的，是黑胆，苦胆，痰汁和血液这些体液按照其性质、多寡和不同方式的配合，使每一个人不同于另一个人。

在有些疾病里，忽然心灵隐而不见了，看不出半点有心灵的征象；忽然大家说心灵加倍了，有一种激动使它非常兴奋；忽然，痴愚消释，一个病愈的白痴成为一个非凡的聪明人；忽然，最了不起的天才一下子变成愚蠢，从此不复自识，无数花费和无数辛苦换来的那些可贵的知识都从此告别了！

这里是一个麻痹症的病人，他问人他的腿是不是在床上；那里是一个士兵，他以为他还有那条已经截去的胳膊。对于原有的知觉的记忆，和对于心灵平时联系这些知觉的那个位置的记忆，造成

① Wolf(1679—1754)，莱布尼兹的学生。——译者

② Galen，纪元二世纪时希腊名医。——译者

③ Hippocrates，纪元前五世纪希腊名医，号称“医学之父”。——译者

④ 《心灵史》是拉·梅特里本人匿名发表的一部书。——译者

他的幻觉和他的这种梦呓。只要对他谈到这个失去的部分，便使他重新感觉到这个部分，并且感觉到这一部分的一切动作；这种感觉所引起的说不出的心理上的痛苦，真是无法表达的。

这个人在面临死亡的时候，哭得像个孩子，但是那个人却以诙谐对待死亡。要怎样才能使卡诺斯·尤利乌斯[1]，塞内加[2]，彼得罗纽[3]等变勇敢为畏葸怯懦呢？脾脏、肝脏里有一点故障，门静脉里有一点阻塞就行了。为什么呢？因为想象力和这些内脏一起被阻塞了，因此也就产生了歇斯底里症和忧郁症这一切离奇的病象。

我还用得着再举出有人想象自己变成了人狼，雄鸡，吸血鬼，又有人以为自己被死人吮吸之类新的例子么？还有人以为自己的鼻子或别的肢体是玻璃做的，对这些人最好的办法是劝他睡到稻草上去，免得把鼻子砸碎了；然后在稻草上放一把火，吓着要烧死他，好让他重新发现鼻子的用途和鼻子原是地道的血肉做的。惊吓有时候是治得好风瘫病的。这种例子也用不着多讲了。这些人人都知道的事，只用略略提一下就行了。

同样，我们也不用多细讲睡眠对于人的影响。你看这个困极了的兵，几百尊大炮在轰着，他却在壕沟里打鼾。他的心灵什么也听不见，他的酣睡真是一场十足的中风病。一颗炮弹就要把他炸得粉碎，可是他也许并不比趴在他脚下的一只小虫更感觉到这一击的危险。

---

① Canus Julius，罗马贵族，被皇帝加利古拉所杀，临死从容不迫。哲学家塞内加在《心灵的恬静》一书中赞扬了他。——译者

② Sénèque，罗马哲学家，著名作家。——译者

③ Pétrone，罗马作家，为暴君尼罗逮捕，自剖动脉管放血而死。——译者

另一方面，这一个为妒忌、仇恨、贪欲或野心所吞噬的人，却得不到片刻的安宁。一个人没有把自己的心从各种情欲的折磨中解放出来，最清静的环境，最清凉舒畅的饮料，对他也是无用。

心灵和身体是一同入睡的。跟着血液循环的一步步缓慢，一种平安恬静的感觉便散布在整个机器上；心灵软绵绵地觉着自己和眼皮一起沉重起来，和每一条脑神经的纤维一起低垂下来。于是和身体上所有的肌肉一起，它一点一点地沉入一种麻痹状态。身体的肌肉再载不住头脑的重量，心灵也再承当不住思想的负担，心灵入睡了，好像根本不存在了。

血液循环太快了么？心灵便不能入睡。心灵太兴奋了，血液便不能缓慢下来；它在血管里突突地奔跑，发出一种可以听到的声音：这就是失眠的两个互为因果的原因。梦里的一点点惊恐，使得心脏突突地跳动，把我们从疲困或睡眠的舒适里唤醒，就像尖锐的痛苦或急迫的需要把我们唤醒一样。而且，既然只要心灵的作用一停止便引起睡眠，因此即使在醒着的时候（这种醒也只能说是一种半醒）经常也有各种心灵的小睡状态，各种白日梦。这些白日梦证明心灵并不是永远要等身体睡了才睡的，因为，如果说心灵并没有完全睡着，它和完全睡着也差不多了，因为心灵不可能说出它究竟还在注意些什么，一团数不清的混乱的概念，可以说就像一团云一样，充塞在我们头脑的大气层里。

鸦片和它所引起的睡眠有太密切的关系，在这里不能不谈一下。这一种药剂，也和酒、咖啡一样使人沉醉，只是方式各有不同，用量的多寡也各不相同。鸦片使人感到一种情境里的愉快，这种情境应该说已经是进入了感觉的坟墓，就像鸦片本身是死亡的象征一样。多么舒适的麻木啊！心灵永远不再想离开这种情境了。过去，心灵受着最剧烈的痛苦的折磨；现在，它只感到一种不感觉痛苦的快乐，并且享受着一种最适意的安静。鸦片甚至改变人的意志；心灵要想醒来，要想振作，它强迫它躺到床上去。至于那些真正的毒药，我就略过不谈了。

咖啡这种解酒剂，是用刺激我们想象力的方法解除我们的头痛和各种病痛的，而不像酒那样，又在明天为我们安排下头痛和痛苦。

我们再从心灵的其他方面的需要来观察它。

人体是一架会自己发动自己的机器：一架永动机的活生生的模型。体温推动它，食料支持它。没有食料，心灵便渐渐瘫痪下去，突然疯狂地挣扎一下，终于倒下，死去。这是一支蜡烛，烛光在熄灭的刹那，又会疯狂地跳动一下。但是你喂一喂那个躯体吧，把各种富于活力的养料，把各种烈酒，从它的各个管子里倒下去吧；这一来，和这些食物一样丰富开朗的心灵，便立刻勇气百倍了，本来一杯白水吃得他要临阵逃跑的那个兵士，这会儿变得慓悍非凡，应着战鼓的声音，迎着死亡，勇往直前了。这就叫做冷水浇得定下来的血，热水又使它沸腾起来。

一顿饭有多么大的力量！快乐又在一颗垂头丧气的心里重生，它感染着一切同桌的人的心灵，他们齐声唱起可爱的歌来表示他们的快乐，在这件事上法国人是头等的。只有患忧郁病的人还是愁眉不展，读书人在这里也没有他的份儿。

吃生肉使野兽凶暴，人吃生肉也会变得凶暴起来。这一点真是的的确确，例如英国人不吃烤得像我们那样熟的肉，而吃红红的、血淋淋的肉，他们似乎多多少少沾上了这种凶暴的性格，这种凶暴的性格一部分是由于这样的食物而来，一部分是由于其他的原因，只有教育才能使它不发作。这种凶暴在心灵里产生骄傲、怨恨，造成对其他民族的轻视、强悍和其他种种使性格变得恶劣的情操，就像粗糙的单调的食物造成一个人迟钝、愚笨一样，后者最常见的表现就是懒惰和马虎随便。

颇普先生[①]最懂得饕餮的力量，他说：

“卡修斯永远讲道德，永远正经，
他认为容忍恶棍的人自己就近于恶棍；
只有在吃饭的时候——无疑他要选择
一个有鹿肉的坏蛋，而不要没肉的圣者。”

在另一个地方他说：

“看那同一个人，身体健康，或是犯风湿病，
独个儿，和大伙儿一起；丢了差使，还是正在走运，
早早起来办事，忽然又姗姗来迟；
围狐行猎是个疯子，辩论会上有他的机智；
市议会里喝成烂醉，跳舞厅里文质彬彬；
伦敦街上称朋道友，宫廷里面不讲信义。”

在瑞士有过一位司法官，叫做斯德该·惠蒂霍芬；他在吃斋的时候是法官里面最公正、甚至最仁慈的一个；但是遇上他大嚼一顿之后，可怜那些站在被告席上的不幸的人便要倒霉了！他会把没有一点过错的人判成罪大恶极的人，送到绞刑架上去。

① Pope，英国著名诗人（1688—1744）。——译者

我们想，只有当我们快乐或勇敢的时候，我们才是好人，事实上也真是如此。一切决定于我们这架机器运行得怎样。有时候我们喜欢说心灵住在我们的胃里，房·爱尔蒙[①]认为心灵的位置在幽门，除了把部分当成了全体以外，他其实并没有说错。

极度的饥饿能使我们变得多么残酷！父母子女亲生骨肉这时也顾不得了，伸出赤裸裸的牙齿，撕食自己的亲骨肉，举行着可怕的宴会。而在这样的残暴的场合下，弱者又永远是强者的牺牲品。

怀孕症，这个和妇女萎黄病有异曲同工之妙、但却是自己招惹来的病，它不只像普通最常见的那样，只是引起这两种疾病通常具有的那种饮食胃口上的败坏和癖好而已；有时候它还唆使心灵谋犯最可怕的罪恶；这是一种突发的精神病变的影响，这种病变直到窒息住我们的良知。这样，我们便看到我们的头脑，这个精神的子宫和身体的子宫一起也能败坏到什么程度了。

而另一方面，在为贞操同时又为健康驱迫的男女中间，又是怎样另一种猛烈可怕的情形啊！这个胆怯的、腼腆的少女，一下子便失去了全部羞耻和贞节；她把乱伦看得就像一个风骚妇人看通奸一样普通。如果她的需要得不到即时的满足，后果绝不限于一些简单的性生理上的病变或是精神失常而已；这个可怜的女人会因为一种病而死去的，但是会医治这个病的却有这么多的医生。

只要用眼睛看一看，便知道年龄对于心灵有必然的影响。心灵随着肉体的进展而进展，就像随着教育程度而进展一样。在女性，心灵还受体质柔弱的影响：因之就产生这种柔顺，这种温情和

① Jan Baptista Van Helmont(1577—1644)，比利时医生兼化学家。——译者

这种凭感情甚于凭理智的多愁善感，以及那些偏见和那些迷信，偏见和迷信在她们生活上的强有力的影响几乎是不可磨灭的。相反地，在男性，他们的脑髓和神经生得比较坚固，具有一切固体的坚实性，因此他们的心灵和他们的面容一样，也比较强壮；而为女性所受不到的教育，又使他们的心灵更增加了新的力量。男人有了这样的天赋的和人为的帮助，怎样会不更爽快、更慷慨，在友谊上更可靠，在困难面前更坚定呢？但是，要是按照《论面相学的书简》这本书的作者[①]的那一种想法，那就是：女性既有精神上的优美和肉体上的优美，又几乎具有一切最温柔、最细腻的内心感情，实在大可不必妒忌我们男人所有的一种双重力量，这种力量之所以赋予男人，似乎只是一方面为了使他能更深地沉潜于美色，一方面为了使他能更好地为女性的快乐服务而已。

我们不必要像这位作家一样是一个大面相学家，也可以从容貌和面型看出一个人的精神品质，只要容貌和面型的特色表现得清楚到一定的程度就行了；这就像诊断一种一切症象都已经十分明显的病，并不必一定要是一个大医生一样。请审视一下洛克、斯蒂尔、波耳哈维[②]、莫贝都依[③]等人的画像，你绝不会因为看到他们的相貌都是这样坚实、目光炯炯都是像老鹰一样而感到惊异的。再看一看无数别人的画像，你也永远分辨得出哪一个是天才，哪一

① 指雅各・裴尔内梯(Jacques Pernetti)。——译者

② Hermann Boerhaave(1668—1738)，著名的荷兰医生，拉・梅特里的老师。——译者

③ Pierre Louis Moreau de Maupertuis(1698—1759)，著名的法国数学家兼天文学家。——译者

个是人才，有时甚至分辨得出骗子和好人。有人就曾说过，例如，某某著名的诗人（在他的画像上）便结合着普罗米修斯的热情和一个偷儿的神情。

历史上有一个很好的例子，说明天气对人的影响。有名的德·琪司公爵曾经好多次落在亨利第三手里，他认定亨利是绝不敢杀他的，便径自跑到布洛洼去了。枢密大臣希凡尼听到这个消息，失声叫道：这个人完了！等到事情证实了他这不幸的预言，人家问他是凭什么知道的。他说，我认识亨利二十年了，他天生是个好人，甚至是懦弱的，但是我曾经观察到，如果天气一冷，一件极小的事也可以使他变得非常暴躁。

某一个民族的精神笨重而愚钝，另一个民族的精神却活泼、轻快而敏锐。这种不同，如果不是由于他所用的食物，由于他的父系祖先的精子①，以及由于浮游在空中的无数元素所构成的混沌大气而来，又是从哪里来的？精神和身体一样，也是有它的瘟疫病和流行症的。

气候对人有极大的影响，如果变换了气候环境一个人便会不由自主地感到水土不服。人是一株能游行的植物，他自己便把自己移植到另一个地方去了；如果气候不是原来的气候，那就难怪他要退化或者进化了。

人还感染和他生活在一起的人的习惯、姿势、语调等等，这就像看到一棒要打下，眼皮自然会闭下来，也就像我们看到一个出色的哑剧演员，整个的身体便会不由己地、机械地跟着他动作起来。

① 动物与人类的历史证明父祖的精子对儿女的精神和身体有很大的影响。

我刚才所说的这些，证明一个聪明人如果找不到和他一样的人，那么最好的朋友还是他自己。智慧遇不着智慧是要发锈的，因为缺乏练习。在打网球的时候，打过来的球不好，打出去的也不好。我宁可喜欢一个聪明的、即使没有受过一点教育的人，只要他还很年轻，而不喜欢一个受过很坏的教育的人。教坏了的精神，就像是一个在外省惯坏了的戏子一样。

因此，各式各样的心灵状态，是和各种身体状态永远密切地关联着的。但是，为了更好地证明整个这种依存关系及其原因，让我们再从比较解剖学来看看，把人和动物的内脏打开来看看吧！要不是因为我们从人和动物的生理构造上看到这样完全相似的情形，还谈得上什么认识人性的方法！

一般说来，四足动物脑组织的形状和组成差不多和人一样。随处我们都可以看到同样的形式，同样的构造，只有一个主要的不同，就是：比照着人体的体积来看，在一切动物里面，人的脑子最大，表面的皱纹也最曲折。其次是猿猴、水獭、象、狗、狐狸、猫等等，这些都是和人最相近的动物；因为就这些动物的胼胝体来说，我们可以看到一系列相同的结构正在逐步发展着，而胼胝体，朗其西[①]在已故的德·拉·贝洛尼[②]先生之前，就已经把它确定为心灵的位置了，贝洛尼先生则更用无数的实际经验证明了这个说法。

四足动物之外，脑组织最发达的是鸟类。鱼类有很大的头部，但是空空的，没有什么知觉，就像颇多的一些人的脑袋一样。鱼类

① Lancisi(1678—1720)，著名的意大利医生。——译者

② De la Peyronie(1678—1747)，著名的法国外科医生，曾经做过路易十五的御医。——译者

的头脑完全没有胼胝体，也很少有脑髓，昆虫则根本没有脑髓。

我不预备再详细多讲这些自然的无穷变化了，也不预备多讲在这个问题上人们所作的各种推测和假想了，因为大家只要去读一下威理斯[①]的“论脑”和“论兽类的心灵”这两篇著作，就可以知道这些原来是说不完的。

从上面这些无可争辩的事实里，我只是把我们能够清楚地得出的结论提出来：第一，动物愈凶猛，它的脑子就愈小；第二，动物愈驯良，它的这一器官似乎也就以某种方式按比例地愈增大；第三，自然在这里有一条特殊的永恒规律，就是：我们在精神方面获得的愈多，在本能方面失去的也就愈多。是哪一方面重要呢：是得的方面，还是失的方面？

也不要以为我因此便主张单凭脑的大小体积就足以判定动物驯化的程度；必须质量也能和数量相应，固体和液体配合得适当，两者恰好达到一种健康的平衡状态。

如果像我们平常所知道的那样，白痴并不是没有脑子，那么，这个脑子的毛病就很可能是由于它的稠硬度不对。例如说，太稀软了。疯子也是如此，我们并不是永远找不出疯子的脑子毛病在哪里。但是，如果白痴、疯子等病态的原因还不是显而易见的，那么，我们到哪里去把人的各种各样的精神状态的原因都一一找出来呢？这些原因连山猫和野雉的眼睛也很难看到。一点点极细微极细微的东西，一根纤维，一屑屑即使是最精细的解剖也发觉不到

① Willis(1622—1675)，英国医生，第一个发现脑子的不同部分有不同的职能。——译者

的东西，说不定便使爱拉斯谟和封特纳尔[1]成了两个傻子；封特纳尔在他一篇最好的《对话》里自己便谈到了这一点。

威理斯还指出，婴孩、小狗和鸟类的脑髓，除了特别稀软以外，所有这些动物的脑沟纹也都很平坦模糊，色泽不鲜明，它们的脑纹就像麻痹症患者一样，也很不完整。他还指出——这一点很确实——人有很大的环状突起，猿和以上所说的其他动物便依次一直小下来，小牛、公牛、狼、母羊、猪等等的这一部分都很小，但是它们的上丘和下丘[2]却很大。

从以上这些差别的情形以及从内脏、神经等方面无数其他差别的情形所能得出的那些结论，人们虽然以审慎、保留的态度来对待它，也是徒劳无益的：这么多差别不可能是自然的无目的的游戏。这些差别至少证明了一个健全强壮的身体的必要性，因为在整个自然界里，随着机体的发展而发展巩固起来的心灵，正是随着机体健全强壮的程度而日益获得更多的聪明能力的。

现在让我们停一下看看动物的各种不同程度的驯化情形。毫无疑问，动物和人在生理构造上的这样完全相似的情形，一定会使人以为，我们在上面所谈到的那些差别便是造成动物和我们之间的一切区别的全部原因了：虽然事实上我们还得承认，我们这种薄弱的、限于最粗浅的表面观察的理解，还是看不到那些在原因和结果之间起着制约作用的联系的。这就是哲学家们永远认识不到的一种和谐。

---

① Fontenelle(1657—1757)，法国文学家，法国科学院秘书，著有《关于世界多元性的对话》一书，甚为流行。——译者

② 即脑中的四叠体。——译者

在动物里面，有一些能学会说话和唱歌；它们懂得节拍和曲调，唱得和音乐家一样准确。而另外一些，例如猴子，其实还更聪明些，可是在这一点上却没有办法。怎么会有这种情形呢——如果不是因为语言器官有一种缺点的话？

但是这个缺点是不是在构造上严重到这样的程度，因此完全没有办法补救呢？总之，是不是绝对不可能使猴子学会一种语言呢？我不相信。

我要在动物里挑选大猩猩来教育，除非我们将来还可以发现一种和我们更相近的其他品种，因为没有任何理由可以说，在某些目前还不为我们所知的地区里一定没有这样的品种存在。这种大猩猩和我们这样相像，因之博物学家把它称为野蛮人或森林人。我要按照阿芒[①]挑选他的学生的同样标准来挑选我的大猩猩，也就是说，我要求它既不太年轻，也不太年老，因为带到欧洲来的大猩猩一般都太老了。我要挑选一个面貌最聪明的，并且要尽可能在千万种细微动作上挑选一个表情最好的。最后，我觉得我自己不足以做它的老师，我要把它送到刚才在上面说到的那位最卓越的老师的学校里去，或者另一个同样卓越的老师也可以，如果有的话。

从阿芒自己的著作，以及从所有介绍阿芒的方法的人[②]的著作里，我们看到阿芒对于先天的聋子作出了怎样的奇迹，用他自己的话说，他是在聋子的眼睛里找到了耳朵；从这些书里我们看到，

① Johann Conad Amman(1669—1730)，瑞士盲哑教育家。——译者

② 《心灵的自然史》等书的作者。

怎样在极短的时期里他终于教会他们能听、能说、能读、能写。我承认，一个聋子如果不聋，他的眼睛可能没有那么明亮，那么机灵，因为一个肢体或者一种官能的残废，往往可以增强另一个肢体或另一种官能的力量；但是猴子既能看又能听；它懂得它所看见和所听到的；它是那样善于揣摩体会人对它做的手势，我绝不相信在一切别的动作、别的操作上它会输给阿芒的学生。那么，为什么教育猴子就一定是一件不可能的事呢？为什么它不能够像聋子那样，经过细心的训练，终于学会发音所必要的动作呢？我不敢肯定，是否猴子的语言器官本身，无论我们作怎样的努力，也是不可能作任何有节奏的发音的。但是，由于猴子和人在生理构造上这样相近，由于直到现在我们还没有发现过任何一种动物在外表上、内部构造上都这样显著地和人相像，上面所说的这种绝对不可能，使我们实在感到太惊奇了。洛克先生的确是最不容易轻信的人，但是，他却很容易地相信了邓普尔爵士[①]"回忆录"里所讲的那只鹦鹉，这只鹦鹉别人问什么答什么，并且就像我们一样，学会作连续的谈话。我知道有人讥讽过[②]这位大形而上学家，可是如果有一个人向全世界宣布，说有一些生殖作用，用不着女人，也用不着卵子，就可以进行，你想他会找得到很多人捧他的场么？但是特朗勃莱[③]先生就发现了这样的生殖作用，不需要交配，而是仅仅依靠分割进行的。阿芒如果在他的实验还没有成功以前便向人宣传，说能够教育并且能够在这样短的时期内教育他那样的学生，那他还不同

① Sir William Temple(1628—1699)，英国外交家。——译者

② 《心灵的自然史》的作者。

③ Abraham Trembley(1700—1784)，瑞士博物学家。——译者

样要被人看成是一个疯子？然而他的成功却震动了整个世界，并且和《水螅的历史》的作者一样，已经光荣地一跃而进于不朽之列了。依我的意见，一个凭着他的技巧才能来创造奇迹的人，要远胜过一个凭着任意的偶然来创造奇迹的人。一个人找出了方法来改善万物之灵，以原来没有的完美性赋予万物之灵，他的功绩要远超出于那些闲着没事专门制造无聊的体系，或者虽然孜孜矻矻，却做些百无一用的研究的人。阿芒的功绩是完全不同的：他把一些人从似乎是万劫不复的本能状态里拯救了出来；他把思想、精神，总之把一颗心灵，把这个在另一种情形下他们永远不会有的东西赋予了他们。还有什么比这更伟大的力量！

绝不要限制自然的潜在力量，特别是和一种伟大的技术结合在一起的时候，这种潜在力量是无穷无尽的。

开启了聋子的欧氏管的同一办法，难道就拔不掉猴子耳朵里的瓶塞子么？这些在其他许多动作上能够模仿得这样聪明逼真的动物，它在模仿主人的语言和发音时表露出那样天真的热情，为什么这种模仿的热情不能帮助它有朝一日自由使用它的语言器官呢？不但我不相信有人能提出任何真正肯定的经验，可以决定我这个计划是不可能的、荒谬的；而且猴子的内部构造与动作和我们如此相似，使我几乎毫不怀疑：如果我们能很好地训练这种动物，最后我们一定能教会它发音，并从而教会它一种语言。那时候我们就不能再说它是一个野人，也不能再说它是一个有缺陷的人了：那时候它就是一个完全的人，一个小小的城里人，和我们具有同样的物质或肉体，从而可以来进行思想和接受教育了。

凡是真正的哲学家都会同意，从动物到人并不是一个剧烈的转变。在发明词汇、知道说话以前,人是什么呢?只是一种自成一类的动物而已,他所具有的自然本能远不及其他动物多,因之那时候他并不以万兽之王自命,那时候他之别于猿猴和其他动物也就像今天猿猴之别于其他动物一样,可以说只在于面部更富于不同的表情而已。他是回复到了仅仅具有莱布尼兹主义者的那种直观知识,那时候他所能看到的也就只是一些形相和颜色,对这些颜色完全不能作任何分辨;不管年老的和年少的一律都是各种不同年龄的婴孩,张着嘴呀呀地表示他的感觉和他的需求,就像一只狗感觉饥饿或感觉躺得无聊时要求吃食或是要求走动一下那样。

以后才有了词汇、语言、法律、科学、艺术等等;于是,借助于这些东西,我们的精神,像粗糙的钻石一样,才得到琢磨而光辉闪烁起来。我们训练一个人就像训练一个动物一样,一个人成为作家也和成为一个搬运夫是一样的。一位几何学家学会作最繁难的证明和演算,就像一只猴子学会脱下又戴上它的小帽子,学会如何爬到那只驯顺的狗的背上去一样。所有这一切都是依靠着一些符号进行的:每一种类学会它那一种类所能学会的符号;也就是这样,人们才学会了所谓符号知识,有些德国哲学家直到今天还是这样称呼它。

因此我们看到,没有比我们的教育的方法更简单的了!一切都归结为一些声音或单词,这些声音或单词从一个人的嘴里经过另一个人的耳朵传入后者的脑子,而脑子又经过眼睛接收到一些物体的形相,这些单词便是表示这些物体的任意规定的符号。

但是谁是第一个说话的?谁是人类的第一个教师?是谁首先发明了这些方法,来利用我们这种驯化的身体组织?我完全不知道。这些幸运的、人类最初的天才,他们的名字在时间的漫漫长夜里已经消失了。但是艺术是自然的产儿，自然本身应该在艺术之先早就存在了。

我们可以相信，那些身体构造最完美、自然对他穷尽了一切恩惠的人，当初也一定启发了别的人。这些人，譬如说吧，当他们听到一个新的音响，感受到一个新的感觉，惊慑地看到这个美丽的大自然里的种种美丽的事事物物的时候，其神情不可能不像伟大的封特纳尔第一个讲到的那个夏特尔地方的聋子四十年来第一次听到教堂的钟声时一样。

由此，为什么我们就不能设想，这些最早的人类也是和这个聋子或动物和哑巴（另一种动物）一样，试图利用他们的想象力所能及的那些动作，然后利用每一种动物所特有的那些自发的声音，亦即它们的惊恐、欢乐、愉快、欲求等等的自然流露，来表达他们的新的感觉呢？因为人从自然赋有更多的感觉，当然也是有更多的能力来表达这种感觉的。

这就是我所设想的：人类怎样通过了他的感觉，亦即他的本能，来获得精神，最后又通过了他的精神，来获得各种各样的知识。这也就是我尽我的能力所能设想的：人类运用了一些什么方法使自己的头脑装满了各种观念——自然之所以制造这个头脑，本来也就是为了接纳这些观念。人们是彼此互相帮助的；一些最微小的开端一点一点扩大起来，直到宇宙间一切事事物物都很容易地判别出来，就像判别一个小圈子一样。

正像提琴的一根弦或钢琴的一个键受到振动而发出一个声响一样，被声浪所打击的脑弦也被激动起来，发出或重新发出那些触动它们的话语。但是，正如脑子这个器官的构造是这样的，只要视觉结构健全的眼睛一接收到事物的形色，脑子便不能不呈现出事物的影像和相互间的区别，同样情形，只要脑子里一刻画出这些区别的符号，心灵也就必然鉴别出这些区别之间的种种关系了；如果没有符号的发现或语言的发明，心灵是不可能作出这种鉴别的。当远古的时候，宇宙间是几乎完全静默的，那时心灵之于一切事物，就像一个毫无比例观念的人面对一幅图画或一件雕塑品一样：他什么都分辨不出来；也可以说，就像一个小孩子（因为那时心灵还处在它的孩提时期），手里拿着几根草茎或小木棍，一般地只是茫茫然表面地注视着这几个东西，不会去数它们，也不会加以判别。但是，如果我们在这一根小木棍上系上一面小旗或一个标志，可以把它叫做一根桅樯，再在另一根小木棍上同样也系上另一面小旗；同时如果我们又在第一面小旗上注上“一”这个符号，在第二面小旗上注上“二”这个符号或数字；这样，这个小孩子就会数它们了，并且这样一步一步就会学会全部算术了。只要有一个东西他看来在数字符号上和另一个东西是一样的，他就毫不迟疑地知道这是两个东西，知道一加一是二，二加二是四[①]……等等了。

各种形相之间的这种无论是真实的还是表面的相似性，正是一切科学和我们一切知识的根本基础。很明显，在这些科学和知识里，凡是应用的符号不够简单、不够明了的，也就比别的科学和知识难于学习，因为需要有更广大的智力，才能统摄、组织我所说的这些科学在表达它们那一方面的真理时所应用的大量语词。而另一方面，应用数字或其他灵便符号的科学便很容易学会，并且无

① 直到今天还存在着一些种族，因为没有更多的符号，所以数目只能数到二十。

疑正是这种简易明了性造成了代数演算这门科学的优越地位，这是比代数演算的确实性甚至还要重要的。

把我们傲慢的学究们的脑瓜子鼓成一个气球似的这一切学问，因此不是别的，只是一大堆语词和形相。这些语词和形相在脑子里形成了无数痕迹，我们便是凭着这些痕迹辨别和回忆事事物物。我们的观念在脑子里一个一个地出现，就像一个园丁，一看见花木便记起它们各个阶段的生长情形一样。这些语词和这些语词所指示的形相，在脑子里是极紧密地联系在一起的，因此我们想象一个东西的时候，很少会不联想起附着在这个东西上的名称或符号。

我总是用想象这个词，因为我认为一切都是想象，心灵的各个部分都可以正确地还原为唯一的想象作用，想象作用形成一切；因此判断、推理、记忆等等绝不是心灵的一些绝对的部分，而是这种脑髓的幕上的种种真实的变化，映绘在眼睛里的事物反射在这个幕上，就像从一个幻灯里射出一样。

但是如果脑子这个器官的构造使它具有这样奇妙的、不可思议的功用，如果想象作用可以产生一切，如果一切都可以由它来解释，那么为什么要分割这个在我们人里面起着思想作用的感性原则呢？这对于那些主张精神单一性的人不是一个很明显的矛盾吗？因为一个东西既然我们把它分割了，除非陷于荒谬的自相矛盾，就不能再说它是不可分割的。从这里也就可以看到，滥用语言，滥用精神性、非物质性等等大而无当的名词会产生出怎样的结果了，这些名词是随随便便安上去的，连那些有思想的人也并不明了是什么意义。

没有比证明一个像我这里所说的、建筑在每一个人的内在感觉和亲身经验上的体系更容易的事了。能不能说想象作用或脑的这一狂幻的部分(它的性质和它究竟怎样活动一样,都是我们所不知道的)是天生微弱的,不足道的?那它就不会有那样的力量来比较它那些观念的类似或相似了;那它就除了面对面的、最直接影响它的东西之外,不可能再看到任何东西了,并且所采取的将是一种怎样可怜的方式!但是无可否认的是:只是想象作用在进行认识;是它在表象一切事物,以及表征这些事物的各种语词和形相;因此我们再说一次:想象作用就是心灵,因为它起着心灵的一切作用。由于想象作用的生动的笔触,理性的冰冷的骨骼得到了活跃的鲜红的血肉;由于它,各种科学滋生繁荣,艺术愈益美丽,泉石呜咽,林木低语,回声互相呼应,大理石呼吸着生气,一切无生命的物体都得到了生命。也就是它,使一颗情爱的心除了温存之外,更增添上情欲动人的吸引力。它使情欲在学究和哲学家的书斋里滋生。最后,想象作用不单造成诗人和演说家,而且还造成学者。一些人愚蠢地把它说成一文不值,另一些人则徒然地把它和心灵的其他作用区别开来,这些人全都没有了解它,它不只是诗神和美术的伴侣,它不单描绘自然,它还能度量自然。它推理,判断,分析,比较,深入问题。它能不能这样善于体味呈现在眼前的景物的美丽,而不同时发觉它们之间的比例和关系呢?不能;正如它既体会到各种感官快乐,便不能不同时享受其中的全部完美或快感一样,同样情形,它也不可能对它机械地接受的东西有所反思,而不同时本身便是一个判断。

想象作用这个最软弱的机能,愈经使用,便愈益肥硕;它也就愈益壮大,粗茁,有力,广阔,善于思想。最好的机能也需要这样的经常使用。

机体组织健全是人的首要美德；所有的道德家们都不把我们从自然得来的品质视为可贵的品质，而认为只有经过不断的反思和努力得来的才能才是有价值的东西，这种做法是徒劳无益的，因为如果不是由于一种气质，使我们能够成为有学问、有道德、有能力的人，我请问你，我们的学问、道德、能力又是从哪里来的呢？而这种气质如果不是来自自然本身，又是从哪里来的呢？我们只是凭借自然，才有可贵的品质，我们之所以是我们这样，一切都是自然之赐。那么，为什么不像尊重那些由于后天获得的、也可以说是赊借来的品质而煊赫的人一样，同样地看重具有自然品质的人呢？不论什么美德，也不论它是从哪里产生的，都是值得珍重的，问题只在于善于节制和利用它。聪明、美貌、富贵、门第固然是幸运的产儿，但也和能力、学问、道德等等一样，各有它自己的价值。凡是得天独厚、享有最可贵的自然禀赋的人，应该怜惜那些不曾从自然得到这样的禀赋的人；但是另一方面，他们也可以自己感到自己的优越，却不是骄傲，而是欣赏。一个美貌的女人总是担心自己丑，就像一个聪明人以为自己傻一样，都是很可笑的。过分的谦虚（的确是一种罕见的缺点），是对于自然的一种忘恩负义。相反地，一种诚挚的自负却正象征着一个美好伟大的心灵，大方坦率的、为这样的感情所陶铸的举止行动，便正是这样的心灵的流露。

如果说机体组织是一种美德，并且是首要的美德，是一切其他美德的泉源，那么教育便是其次的美德。如果没有构造得最好的脑子，这最好的机体组织也是白费的；正像一个体魄最健全的人，如果没有见过世面，终生只能是一个粗鄙的乡下佬。但是另一方面，如果没有一个完全敞开的子宫，可以接纳或孕育观念，单是有第一流的学校又有什么用呢？一个缺少一切官能的人，绝不可能使他得到一个观念，这就像一个女人，如果自然对她不经心到忘了为她造一个阴户，是绝不可能使她生育孩子的。正像我自己就亲眼看见过这样一个女人，既没有阴户，又没有阴道，也没有子宫，为了这个缘故，在结婚十年之后被判决离婚了。

但是如果脑子构造得很好，同时又受到很好的教育，那么它就是一块肥沃的并且很好地播了种的土地，将会百倍地把它所接纳到的又重新生产出来。或者，如果我们不用譬喻的话（虽然譬喻也常常是必要的，它可以更好地表达我们的感觉并且使真理增加风致），那就是说：想象作用当受到艺术和教育的提高，达到一种可贵的、美好的天赋高度的时候，能够准确地把握到它所容纳的那些观念之间的一切关系，能够毫不困难地统摄和掌握一批数量惊人的对象，而从这些对象里最后细绎出一长串有次序的关系来，这些关系不是别的，而只是原先的那些关系经过排列比较而产生的一些新的关系；这些新的关系心灵觉得和它自己是完全一样的东西。这，照我说来，就是精神产生的过程。我说觉得，也和我在上面说到事物的相似时用表面的这一形容词一样：并不是说，我以为我们的官能总归是一些靠不住的东西，就像马尔布朗希神父硬要主张的那样，也不是说，我们那一双生来有点醉醺醺的眼睛看出来的事物并不是事物本来的样子，虽然显微镜每天都在向我们证明这一点；而是为了尽量避免和那些庇洛主义者[①]发生任何争吵，在这些

① 指怀疑论者。——译者

庇洛主义者里面，贝尔[①]是一个出类拔萃的人物。

我把封特纳尔先生个别地对某些真理所说的话再一般地说一遍，就是：为了迎合社会的口味，应该牺牲一切真理。我是生成这样的好脾气，要不是不得不骂起人来，就避免了一切争吵吧。笛卡尔主义者们将徒然拿着他们的天赋观念跑到这里来吵架，老实说我是不会付出洛克先生四分之一那样的气力来打击这样一些梦想的。真的，值得写一本大书来证明一条被人奉为公理已经三千年的道理吗？

根据我们上面提出来的、同时也被我们认为真实的原则，那么，一个人具有愈丰富的想象作用，也就应该被视为具有愈多的精神或才智；因为这些都是同义词。同时我们再说一遍：人们只是由于滥用名词，才自以为说了许多不同的东西，实际上他只是在说一些不同的词或不同的声音，并没有给这些词或声音任何真实的观念或区别。

因此，最美好、最宽广或最有力的想象作用，不单对于艺术最适合、最需要，并且也对于科学最适合、最需要。我不敢断定，是不是在亚里士多德或笛卡尔们的行业里出类拔萃，一定要比在欧里庇德或索福克里们的行业里需要更多的聪明才智；同样，我很怀疑，是不是自然造出一个牛顿，一定要比造出一个高尔奈依花费了更多的气力。但是有一点是肯定的，就是造成他们个别的成就和他们不朽的荣誉的，只是那个不同地应用的唯一的想象作用。

① Pierre Bayle（1647—1706），法国哲学家，曾以怀疑为手段向神学作斗争。——译者

如果有人认为有一种人具有丰富的想象作用，但却只有很可怜的判断能力，这种情形就是说：想象作用太自由放纵了，总是在自己的各种感觉这面镜子里照自己，而没有充分养成一种习惯来集中注意观察这些感觉本身；也就是说，过多地注意事物的形迹或形相，而忽视了它们的实际和它们的相似。

的确，想象作用是非常灵活的，如果注意力这一科学的关键或科学之母不参与进来的话，想象作用除了匆匆地浏览和涉猎一下事物，是不能有所作为的。

你看枝头上那只鸟，好像随时要飞起来；想象作用也是这样，不断受血液和精神[①]的冲激，一丝波动便刻画下一个痕迹，第二个波动立刻又把它抹去；心灵在后面追赶，往往疲于奔命，眼看着只能埋怨自己有些东西来不及捕捉，来不及把握。想象作用这个真正的时间映象，就是这样不息地生灭的。

我们的观念是这样混乱，一个接着一个飞速地出现；它们互相驱逐，就像后浪推着前浪，因此，想象作用一定要施展（不妨这样说）它的一部分肌肉，在一个转瞬即逝的对象上站住一个时候，就像在脑子的弦上练习平衡一样，不立刻便跌到另一个还没有时间想到的对象上去；如果它不能这样，它是永远不会有资格被称为判断力的。它可以把它所感到的东西生动活泼地表达出来，它会造成演说家，音乐家，画家，诗人，但是绝不会造成哲学家。相反地，如果从孩提时起，便使想象作用养成一种习惯，善于约束自己，不要跟着自己那种只会造成光辉的热情家的一时兴会任意冲动，而

① 指“动物精神”，这是当时人想象出来的一种物质性的东西。——译者

要善于捕捉、把握它的各种观念，善于从各个方面去观察这些观念，以便见到一件事物的全体——这样，这个善于判断的想象作用便会借助于推理而统摄最大范围的事物。而它的那种灵活的特性——这本是儿童的祥兆，问题只在于如何经过学习和锻炼而加以节制——便不再是别的，而将是一种洞彻的理解，没有它我们是很难在科学上作出一点成就的。

就是在这样一些简单的基础上，建造起了整个逻辑的大厦。自然为全人类建立了这些基础，但是有些人利用了它，有些人却糟蹋了它。

尽管人对于动物有这一切优越之处，但是把人和动物列入一类对人还是一种荣誉。在未到一定年龄以前，人实在比动物更是一个动物，因为他生而具有的本能还不及动物。

有哪一种动物会饿死在乳汁流成的河里呢？只有人，正像近人根据阿诺勃[①]的理论而讲到的那个老婴儿一样，他既不知道什么食物是他可以吃的，也不认识水可以把他淹死，火可以把他烧成灰烬。试把烛火第一次放到婴儿眼前，他会机械地把手指伸到火里去，似乎想知道他看见的究竟是什么新鲜现象；只有等他吃了亏他才认识到这个危险，而第二次就再也不肯上当了。

你再把他和一只动物一起放在山崖边上；只有他才会跌下山谷去！在那只动物由于会游泳而脱险的地方，他却溺死了。在十四五岁的时候，他还不知道在传种活动里有极大的快乐等待着他；已经是成人的时候，还不大懂得怎样去玩那种游戏，但是自然却很

① Arnobius，三世纪末叶的基督教神学家。——译者

快就把动物们教会了。他躲躲闪闪地,似乎享受一点快乐和生就可以享乐是一件可耻的事,但是动物们却正以猥亵而感觉自豪。没有教育,它们也就没有种种偏见。但是我们再看一看这只狗和这个孩子,一同迷失在大路上,那孩子哭哭啼啼,不知道向哪个菩萨求救好;而狗呢,凭着它的嗅觉,比那一位凭着他的理性有用多了,很快就找到了它的主人。

因此,自然造出我们来,原是为了使我们在动物之下;或者至少是为了这样才更显示出教育的奇迹,只有教育才把我们从动物的水平拉上来,终于使我们高出动物之上。但是我们能不能把这份荣誉给予聋子、先天盲人、白痴、疯子、野蛮人或在森林里和野兽一起长大的人,给予那些由于抑郁成性而丧失想象能力的人,总而言之,给予这一切只表现最低本能的人形兽类呢?不能,所有这些有躯体而没有精神的人,是没有资格在野兽之外自成一类的。

我们并不打算掩饰人们能够提出来的反对意见,他们不赞成我们的想法,认为人和动物是有先天的区别的。人们说,在人里面有一种自然的法则,一种善恶的良知,它是动物的心里所没有的。

但是这种相反的主张,或者不如说这种意见,有没有经验的根据呢?没有这种根据,一个哲学家是可以完全不理睬的。我们有没有任何经验使我们不得不相信,只有人才受到某一种灵明的照耀,这种灵明是其他一切动物所没有的?如果这样的经验根本不存在,我们就没有根据可以知道动物或者甚至别人心里的情况,正像另一方面我们没有法子不感受我们自己的内在感觉一样。我们知道我们在思想,并且知道我们在悔恨:因为一种内在的感觉迫使我们清楚地意识到这一点。但是要判断别人是不是也悔恨,我们自己心里的这种感觉就是不够的了。就是因为这个，在判断别人的时候，一定要凭着他的说话，或是凭着我们自己在经历同样思想或同样痛苦的时候在我们自己身上所观察到的那些举动和外部表情。

但是要断定根本不说话的动物是不是具有这种自然的法则，那就必须凭着我刚才所说的外部表情，假如有这些表情存在的话。事实似乎证明这些表情是存在的。一只狗，如果在主人的逗弄下咬了主人，会表现出很悔恨的样子；我们看它垂头丧气，不敢见人；一种畏葸退缩的神情似乎表示自己做错了。历史又告诉我们一只狮子的著名例子，有一次在它盛怒之下把一个人放到它面前去，它认出这是它的恩人，不肯撕食他。但愿我们人类也能经常表现这样的感恩，也这样懂得尊重人道！那时候，我们就再不用害怕那些忘恩负义之徒，也不用害怕那些蹂躏人类、真正戕害自然法则的战争了。

但是一种动物，既然从自然得到了一种如此成熟、如此聪明的本能，在它的活动能力所达到和所允许的范围内能够判断、联系、推动和思考；一种动物，受到恩惠会来亲近，受到虐待会避开去找一个较好的主人；一种动物，既然具有和我们的机体相似的机体组织，能做同样的活动，有着同样的情感，同样的痛苦，同样的快乐，只是因为想象能力的大小和神经纤维的精粗不同而在敏锐程度上有所不同：这样的一种动物岂不明白地表示它是知道自己的过错和我们的过错，懂得善恶，总之，是能够对它自己的行为有所意识的吗？它的心灵既然和我们的心灵一样，感受同样的快乐，同样的苦痛，同样的烦恼，当它看到它的同类被杀戮，或者当它自己残忍地杀戮了自己的同类之后，能漠然地丝毫不感觉厌恶和难受么？懂得了这一点，我们就不难懂得这里所说的那种宝贵的天赋绝不是动物们所没有的了，因为既然有很多明显的表情说明动物不单是有心智的，并且也是有悔恨的感情的，那么为什么我们不可以设想：这些动物，这些几乎和我们一样十全十美的机器，也和我们一样是造出来为了思维和感觉自然的呢？

希望大家不要向我提出反对说，动物大多数是些凶恶的猛兽，对于自己所作的恶是漠然无动于衷的；因为难道是所有的人都能很好地分辨善恶？我们人类也有凶恶的品性，情形和在兽类里是一样的。有些人养成了违犯自然法则的野蛮的习惯，就不像初犯的、还没有被习惯的力量弄成残酷无情的人那样感到痛苦。动物和人也一样，动物和人都可以因为气质不同而凶恶的程度不同，并且会因为四周同类的影响而发生变化，增加或减少凶恶的程度。但是一个和善的、驯良的动物，如果和其他同样和善、驯良的动物生活在一起，并且吃的东西也很清淡，就会极端厌恶屠杀和血食；如果吃了血食它会从内心感到羞惭；所不同的也许只是一点，就是在它们是一切首先服从需要、快乐和生活上的安适，并且在这方面它们的满足和享受也比我们大得多，因此它们的悔恨和羞恶感看来就应该不像我们的那样敏锐、显著；这是因为我们的处境和需要和它们不同。习惯也和快感一样，会麻痹甚至窒息羞恶感。

但是我愿意暂时假定我弄错了；几乎所有的人在这个问题上都犯了错误而唯独我一个人是对的，这似乎说不通吧；好，我同意大家的意见——认为动物，即使最出色的动物，也是不懂得道德上的是非和善恶的，认为动物对于别人对它的关心照顾是丝毫没有记忆的，认为动物对于自身的道德是没有丝毫感觉的，例如我方才讲到的那个大家都讲过的狮子，就一点不记得它在一种比一切狮

子、老虎和熊还更不人道的场合里，曾经不愿意吃掉一个在它暴怒时送到它面前来的人；而我们的同胞们互相攻打，瑞士人打瑞士人，兄弟们打兄弟们，彼此认识，互相捕捉，互相杀戮，却一点也没有羞耻悔恨的感觉，因为有个什么王公在给钱叫他们屠杀；总而言之，我假定这个自然的法则是动物们所不曾赋有的——可是这又会得出什么结论呢？人并不是用什么更贵重的料子捏出来的；自然只用了一种同样的面粉团子，它只是以不同的方式变化了这面粉团子的酵料而已。因此，如果说动物能够违犯我所说的那种内在感觉而没有悔恨，或者说动物根本没有这种内在的感觉，那就必须说，人的情形也和它一样；什么自然的法则和关于自然的法则所发表的一切高论，都一起完蛋吧！整个动物界将一律都没有那自然的法则。但是反过来，如果我们人类少不得要承认，只要健康允许、神志清明的时候，我们总分辨得出正直、人道、道德的人和既不人道、又不道德、又不诚实的人；如果我们人类少不得要承认，分辨道德和丑恶并不是一件难事，只要单凭着喜爱和厌恶就行了，这是前两者的自然的效果；那么，我们就可以得出结论：用同一的材料所做成的、也许只是缺少进一步发酵便可以在一切方面和人类相等的动物，也就一定享有为整个动物界所共有的那种特质，也就绝没有一种心灵、一种知觉的实体是没有悔恨羞恶之感的了。下面很多理由更可以加强这个论断。

自然的法则不可磨灭。它的影响这样有力地铭刻在一切动物身上，我完全相信：即使是最凶恶、最残暴的野兽，也会有某些内心痛苦的时刻。我想如果香宾省夏隆地方的那个野蛮女子果真吃掉了她的妹妹，她是会终生为她的罪行受苦的。我相信，一切作过孽、犯过罪的人,情形都是一样,不管他是不由自主地犯罪,还是由于气质使然。例如,奥尔良地方的加斯东就是不由自主地偷窃;有一个女人在怀孕时候也犯这同一的罪行,并且她的孩子也都遗传了这种习性;又有一个女人在怀孕时候吃掉了她的丈夫;还有一个女人扼死了她的孩子,把尸体腌起来,每天吃一点,像吃腌肉一样;又有一个吃人强盗的女儿,到十二岁也就吃人肉,虽然她在一岁上就死掉父母,以后一直由正派人抚养长大。此外,更不用说很多别的例子了,这样的例子充满了我们观察家们的记载,它们证明有千万种遗传性的美德和罪恶,从父母传给儿女,就像乳母的习性传给乳儿一样。因此我说,并且我也这样认为,这些不幸的人在当时大半不会感觉到自己行为的乖谬。譬如神经性饥饿症或犬饥病就能使人完全丧失情感:这是一种逼迫我们去满足的胃脏变态。但是等到她们——上面所说的那些女人苏醒过来,像醉后醒来一样,回忆起在自己最亲爱的人身上干下了怎样一场屠杀,这些女人会感到多么大的悔痛!对于一种不由自主的、无法抵抗的、并且毫不意识的罪过,这是多么残酷的责罚!然而这却是法官们所一点不了解的。我上面所说的那些女人,有一个就被判处轮刑,并且用火烧了。另一个则被活埋。我懂得这都是为了社会的利益。但是,无论如何我们可以希望只让第一流的医生去做法官。只有他们才懂得哪些人真正有罪,哪些人只是无辜犯法。如果理性被一种败坏了的或在暴怒中的官能所奴役着,它怎能再去控制这个官能呢?

但是如果犯罪本身便负荷着程度不同的对犯罪的严峻的惩罚,如果最长久、最野蛮的习惯并不能完全免除一个最无人性的人内心的悔恨,如果只要一回忆到自己的行为便能使他感到内心撕裂的痛苦，那么为什么还要用地狱、用鬼怪、用火海等等比巴斯加尔的幻觉[①]更加无稽的东西来恫吓弱者们的想象呢？为什么还需要借助那些神话，像有一个教皇自己招认的那样，来折磨那些原是被他们陷害的可怜的罪人呢？难道他们觉得这些人受自己的良心那个第一刽子手的惩罚还不够么？我并不是要想说，所有罪犯的惩罚都不公道；我只是说有些罪犯，他们的意志被损坏了，他们的意识被窒灭了，当他们苏醒的时候，他们自己的悔恨已经把他们惩罚得够了。我甚至敢说，依我看来，对于这些受命定的必然性牵累的罪人，自然甚至应当豁免他们的这种悔恨。

那些罪人、恶棍、忘恩负义之徒，以及对自然毫无感觉的人，恶毒的、人所共弃的暴君，徒然在他们的野蛮行为里寻觅一种残酷的快乐，他们也会有一些安静和反省的时刻；那时候复仇的良心便起来了，站起来控诉，逼迫他们用他们自己的手撕毁自己。折磨别人的人，必定也为自己所折磨；他们的痛苦正可以用来衡量他们给予了别人多少痛苦。

而另一方面，行善、知恩、感恩可以得到这样多的快乐；实践美德、善良、人道、慈善、仁爱、宽宏大度（单单这一点便包括了全部道德）可以得到这样多的满足，因此我认为，如果谁不幸没有生而具

① 无论和朋友在一起，或是吃饭的时候，他总要在左边挡上几把椅子，或者有一个人靠着他，好使他看不见一个可怕的深渊；明知道这个深渊是幻觉，可是他还是害怕会跌进去。想象作用或脑叶里的一种特殊的血液循环所引起的是多么可怕的结果！一方面是伟大的人物；另一方面是半疯子。疯狂和智慧在脑子里各有自己的地域或脑叶，中间隔着一道镰刀形的沟。是哪一半脑叶使他这样地热衷地倾心于波尔·罗瓦亚尔修道院的那些先生们的呢？上面这些是我从拉·梅特里先生所著《晕眩论》一书的选本中读到的。

有道德，便已经是足够受惩罚的了。

我们并不是生就做学者的，而且说不定正是对我们器官机能的一种滥用，才使我们变成了学者；而对这一点国家是应该负责的，国家豢养了一批四体不勤的人，而虚荣又美其名为哲学家。自然创造我们全体动物，目的是为了要我们快乐；是的，全体动物，从地上爬的虫子起，直到飞翔在太空的老鹰。正是这样，所以自然给予全体动物以一份适当的自然的法则，一份按照每一个动物的身体组织在正常情形下所能承担的精粗不等的自然的法则。

现在我们怎样来给这个自然的法则下定义呢？我们说，这是一种感觉，它告诉我们“己所不欲，勿施于人”。甚至，在这个一般的概念之上我还敢添加一句：这种感觉不是别的，只是一种害怕或恐惧，但却是一种对于整个的种属和个体都很有益的害怕或恐惧。因为如果不是为了保全自己的财产、名誉和生命，我们也许就不那么尊重别人的钱包和生命了；正像那些基督教的伊克雄们[①]一样，如果不是因为害怕地狱，也许就不那么热爱上帝，也不肯遵守那么一大套幻想的道德教条了。

因此，大家可以看到，所谓自然的法则只是一种内在的感觉，它和其他一切内在感觉一样（其中也包括思想），仍然只是一种属于想象作用的作用。因此自然的法则显然是既不需要教育，也不需要启示，也不需要什么立法者的，除非我们和神学家一样可笑，把自然的法则和社会的法律混为一谈了。

宗教狂热的武器可以摧残坚持这些真理的个人，但是它不能

① Ixion，希腊神话中的拉比特国王。——译者

毁灭这些真理本身。

这并不是说我怀疑有一个最高实体的存在;相反地,我倒是觉得它的存在有很大的或然性。但是,既然它的存在并不比任何别的存在更能证明一种崇拜的必要,那么它的存在就只是一种理论上的真理而已,在实际上是毫无用处的。因此,根据无数的经验,我们既可以说宗教不一定就是什么规矩老实,同样的理由也可以完全使我们相信,无神论不一定就不规矩、不老实。

何况,谁能够说人存在的理由不正就在它的自身里面呢?说不定人正就是这样地偶然被抛掷在地面上的一点,谁也不知道他是怎样来的,谁也不知道为了什么原因;只是知道:他应该活着和死去,就像这些朝生暮死的菌子或这些爬满在沟边、长满在墙上的花草一样。

不要在无限里彷徨吧,我们生就不能对无限有丝毫的认识;对于我们,绝没有可能一直追溯事事物物的根源。况且,不管物质是永恒的,还是创造出来的,上帝是存在的,还是不存在的,我们都可以同样地过安静的生活。为了一个不可能认识的东西,为了一个即使认识了也不能使我们更幸福的东西而这样自寻苦恼,这是多么愚蠢的事!

但是有人说,你去念一念费纳隆[①]、纽房底[②]、阿巴地[③]、窦汉[④]、

① Fénelon(1651—1715),著名的法国作家。——译者

② Nieuwentyt(1654—1718),荷兰数学家。——译者

③ Abadie(1654—1725),法国新教神学家。——译者

④ Derham(1657—1735),英国神学家。——译者

依[1]等人的著作吧。好极了！可是这些东西会告诉我一些什么？它们又告诉过我一些什么？这不过是一些虔信的作家们的千篇一律的滥调，只是一个比一个加上更多的浮词而已，这些人与其说能损害无神论的基础不如说更加巩固了它。从自然景象中引用的证明的数量，并不能增加这些证明的力量。仅仅一只手指、一只眼睛、一只耳朵的构造、马尔丕基[2]的仅仅一个观察便证明了一切，而且无疑地比笛卡尔和马尔布朗希神父的证明更加有力，此外的任何一切就丝毫不能证明什么。因此自然神论者，甚至基督徒们，只需要指出下面一点就足够了，就是：在整个动物界，无数不同的器官实现着各种相同的目的，而且这些不同的器官都是严格地按照几何学构造起来的。因为，要想打倒无神论者，还有比这更有力的武器么？真的，如果我的理性没有欺骗我的话，人类和整个宇宙的构造似乎都贯穿着这种目的上的一致性。在眼睛里面，太阳、空气、水、物质的组织、形状，这一切构造得就像在一面镜子里一样，这面镜子按照着同样以视觉为目的的无数变化不同的物体所共同需要的规律，把反映在它里面的对象忠实地呈现给想象作用。同样，我们到处看到不同的耳朵，但是人、兽类、鸟类、鱼类的不同构造却没有产生出不同的用途。所有这些耳朵都是按照数学这样精密地构造出来的，它们一律都为了一个同一的目的，就是听。于是，自然神论者就问了：这样说来，所谓偶然岂不该是一个很大的几何学家才行么，如果它能够这样随心所欲地变化那些据说是由

---

① Rais(1614—1679)，法国红衣主教。——译者

② Malpighi(1628—1694)，意大利解剖学家兼生理学家和医生。——译者

它创造的作品，而这样大的庞杂性却并不能妨碍它达成同一的目的？自然神论者还对这样一些包含在动物里面的、显然供将来应用的部分提出非难，例如毛虫里包含的蝴蝶，精虫里包含的人，水螅的每个部分里包含的整个水螅，卵子孔隙里包含的瓣膜，胚胎里包含的肺，臼床里包含的牙齿，液体里包含的骨骼，这骨骼是以一种不可思议的方式从液体里分离出来而渐渐硬化的。主张自然神论的人既然不肯放弃任何机会来宣传他们的系统，他们不断地堆积证明，因此就想利用一切，甚至利用到某些情形下的精神的弱点。他们说：请看那些斯宾诺莎，那些伐尼尼[1]，那些德巴罗[2]，那些波安登[3]——这些与其说侮蔑不如说荣耀了自然神论的使徒们！这些人健康的时候也就是他们不信上帝的时候；事实上，他们说，只要情欲一开始随着身体衰退，就很少有人不背叛无神论了，身体是情欲的工具。

这无疑就是人们所能说出的、最有利于上帝存在的全部理由了，虽然最后的一个论据是很无聊的，因为这些都是信仰上的暂时的转变，精神只要一苏醒，或者说，只要从身体的力量里一恢复它的力量，它几乎总是立刻恢复旧有的见解，并且按照这个见解行动的。这，至少和狄德罗医生的“哲学思想录”比起来，所说的要多得多了，那是一部说服不了一个无神论者的杰作。试问你能用什么

① Lucilio Vanini(1585—1619)，意大利的自由思想家，被宗教法庭判处火刑。——译者

② Jacques Vallée Desbarreaux(1602—1673)，法国自由思想家。——译者

③ Nicolas Boindin(1676—1751)，法国自由思想家，曾为法国科学院排挤。——译者

话回答一个人，他说："我们并没有了解自然；一些隐藏在自然里的力量很可能造成了现有的一切。请看特朗勃莱的水螅！不正是在它自身里面包含一种繁殖的力量吗？因此，为什么不能设想，有一些物理的原因，由于这些原因一切被造成，而这个宇宙的全部环节则都系属和归结到这些原因之上，因此，所发生的一切都是不能不发生的。这样的一些原因由于我们对它的绝对的、不可克服的无知，遂使我们假设了一个上帝，而按照某些人的说法这个上帝甚至不是一个理性的实体。因此，消灭偶然，并不等于证明有一个最高的实体，因为此外还可以有另一种东西，它既不是偶然，也不是上帝，我愿称之为自然；从对于这个自然的研究里，不能不产生出不信上帝的人，一切细心观察自然的人在思想方面都证实了这一点。"

因此，任凭是全宇宙的重量，也动摇不了一个真正的无神论者，更不必说粉碎他了；所有这些重复了千万遍的创世主的征象，这些超出像我们这样的人的思想方式很远的征象，尽管人们怎样详加论证，除了反庇洛主义者，或者那些充分信任自己的理性，认为只要根据某些现象就可以下判断的人之外，是没有人把它当做明确的真理的；而对于这些现象，大家都知道，无神论者却可以提出许多别的也许同样有力而完全相反的例子来反证。因为如果我们再倾听一下博物学家们，他们会告诉我们：同样的一些原因，在一个化学家手里，经过各种偶然的配合，造成了第一面镜子，而在自然的手里，便造成了一泓清水，纯朴的牧羊女子也可以把它当做镜子用；维持世界的那种运动，也能创造世界；每一个物体都处在自然给它指定的位置上；空气包围地球的道理，也就是地球内部产生铁和金属的道理；太阳之为自然的产物，也和电是自然的产物一样；太阳并不是专门温暖大地和地上的生物，有时候也灼伤它们，就像雨水不只是助长五谷，常常也损坏五谷一样；镜子和水，也和一切具有同样性质的光滑物体一样，并不是专门给人照的；眼睛实际上是一种镜子，在这种镜子里，心灵可以观看物体所呈现的对象的影子：但是并不能证明眼睛真正是专为心灵观看的，也不能证明眼睛是专为放在眼眶里的，总之，很可能卢克莱修①、医生拉密②以及一切古代和近代的伊壁鸠鲁主义者们是正确的，因为他们主张：眼睛之所以能看，是由于它有这样的组织和生长在这样的位置上，只要一旦确定了自然在物体的发生和发展中所遵循的那些运动的规律，眼睛这一奇妙的器官就不可能有别样的组织，也不可能生长在别的位置上了。

这就是赞成和反对两方面的理由，也就是使哲学家们永远分成两派的那些主要论点的概述。我呢，我哪一边都不站。

“你们之间有多大的争辩，都是与我无关的。”

这是我对一个法国朋友常说的话，他是和我一样公开的庇洛主义者，一个极有才能但是很不走运的人。对于这个问题，他给了我一个非常特别的回答。他向我说：赞成和反对，确乎不能丝毫扰乱这样一个哲学家的心灵——因为在他看来，没有一件东西得到足够清楚的证明，可以使他非接受不可，甚至于一方面所提出的认为不可否认的观念，立刻就被另一方面提出的观念驳倒了。他又

① Lucrèce（公元前95—前51），伟大的古罗马唯物论者。——译者

② Guillaume Lamy，十七世纪后半期人，巴黎大学医学院教授，主张世界起源于偶然。——译者

说：然而，宇宙如果不是无神论的宇宙，就不会是快乐的宇宙。下面就是这个可恶的人所持的理由。他说，如果无神论得到了广泛的传播，一切派别的宗教就会消灭，就会从根本上铲除了。那就再没有那些神学的战争，再没有那些宗教的战士，那些可怕的战士了！被一种神圣的毒药所毒害的自然也就会恢复它的权利和它的纯洁了。安静的凡夫们就会不理会任何别的声音，只听从出自自己内心的忠告了；只有这种忠告我们是怠慢不得的，怠慢了就要吃亏的，也只有这种忠告能够引导我们经由愉快的道德途径走向幸福。

自然的法则就是这样；谁严守这个法则，谁就是一个诚实的、值得全人类信任的人。谁不忠实遵守它，任凭他披着另一种宗教的外衣，也只是一个骗子，或者是一个我所鄙夷的伪君子。

把这些说清楚之后，就让那些妄人们去存各种不同的想法吧！就让他们去大胆主张，说什么不信启示就是不正直，说什么除了自然宗教以外，不管是什么宗教，总之非有另一种宗教不可吧！多么可怜！多么可悯啊！这就是人们给我们所提出的关于他们所抱持的宗教的宝贵意见！我们并不在这里骗取庸人们的选票。谁在心里供奉着迷信的神坛，就是生就只能崇拜偶像，不能感觉到道德的。

心灵的一切作用既然是这样地依赖着脑子和整个身体的组织，那么很显然，这些作用不是别的，就是这个组织本身：这是一架多么聪明的机器！因为即使唯有人才分享自然的法则，难道人因此便不是一架机器么？比最完善的动物再多几个齿轮，再多几条弹簧，脑子和心脏的距离成比例地更接近一些，因此所接受的血液更充足一些，于是那个理性就产生了；难道还有什么别的不成？有一些不知道的原因，总是会产生出那种精致的、非常容易受损伤的良知来，会产生出那种羞恶之感来，而后者距离物质还没有思想距离物质远，总之，会产生出人们在这里所假定的一切差别。那么组织便足以说明一切么？是的，我再说一遍，组织足以说明一切。因为既然思想是很明显地随着器官的发展而发展起来的，那么，那造成器官的物质当随着时间的进展而一旦获得了感觉的功能的时候，为什么不同样可以感受羞恶的感情呢？

因此心灵只是一个毫无意义的空洞的名词，一个思想谨严的人使用这个名词时，只是指我们身体里那个思维的部分。只要假定一点运动的始基，生命体便会具有它所必需的一切，来运动、感觉、思维和羞恶悔痛，总之，来做一切身体活动以及以身体为依据的道德行动。

我们不作任何假定；如果有人认为所有的困难还没有一齐解决，那么下面有一些实验，可以最后使他们满意。

（一）动物的一切肌肉在死亡以后都会颤动，愈是冷血的、缺乏皮肤排泄作用的动物，肌肉颤动的时间愈长。乌龟、蜥蜴、蛇等等可以证明。

（二）从身上割下来的肌肉，如果我们用针刺它一下，它会抽搐。

（三）内脏在死亡以后能维持很长时间的蠕动。

（四）根据柯柏[1]的试验，仅仅用热水注射，便能使心脏和肌肉

[1] William Cowper(1666—1709)，著名的英国解剖学家，外科医生。——译者

恢复活动。

(五)青蛙的心脏从体中摘出以后,特别是曝晒在太阳下,或者,最好是放在一张热的桌子或盘子上,能够继续跳动一小时以上。跳动似乎一停止就不能恢复了吗?只要用针刺它一下,这块凹下去的肌肉又跳起来了。哈维[①]也用蛤蟆做过同样的实验。

(六)魏路兰男爵培根在他的论著《林中林》里谈到一个叛国的罪犯,被活活剖腹,心脏摘出来丢在热水里,跳起来好几次,一次比一次低下去,跳得有两尺高。

(七)取一只尚在蛋壳中的鸡雏,把心脏摘出来,在差不多相同的情形下,也可以看到同样的现象。只要用我们呼吸的热气就可以使一只在真空钟里眼看要死去的动物复活。

我们从波义耳[②]、斯德农[③]等人所得到的那些实验,在鸽子、狗、兔子等身上也一样能进行;鸽子、狗、兔子等的心脏的碎片,和整个的心脏一样,也能抽搐。我们在被割下的土拨鼠的脚爪上也看到同样的动作。

(八)我们在蠕虫、蚯蚓、蜘蛛、苍蝇、鳝鱼等身上都可以看到同样的现象;因为热水里含有热力,所以被割下的部分在热水里跳动得更加剧烈。

(九)一个酒醉的兵士一刀砍掉了一只吐绶鸡的头。这畜生起初站着不动,接着大步往前走,并且奔跑起来;它碰到一堵墙,于是

---

① William Harvey(1578—1657),英国医生兼生理学家,血液循环的发现者。——译者

② Boyle(1627—1691),英国化学家兼医生。——译者

③ Sténon(1631—1687),瑞典医生,解剖学家。——译者

转过身来，拍拍翅膀继续向前跑，最后才倒下来，躺在地上，全身的肌肉还在颤抖。这是我亲眼看见的事。在被砍掉头的小猫、狗等身上，也很容易看到类似的现象。

（十）至于说到水螅被切割以后，那就不只是蠕动而已；它被割成多少块，在八天中又还生成多少水螅。这真使我为那些博物学家们的繁殖学说感到恼羞，但也毋宁说感到快乐；因为可以说这个发现给了我们一个教训：即使从一切已知的、最确定的实验中，也绝不要作出任何一般性的结论！

这里举出的事实已经超过需要了，它们足够以无可争辩的方式证明：有机体的每一条小纤维或每一个部分，都是依据它所固有的一个原则而运动，而这个原则的作用和随意的运动不一样，是并不依靠神经的，因为当这些运动进行的时候，表现这些运动的部分和血液循环并没有任何联系。由此可见，如果说这种力量是一直表现到一丝丝细小的纤维上，那么，由很多纤维以特殊的方式交织起来的心脏，当然就更应该具有这种性能了。关于这一点，是无须用培根的故事来说服我的。我很容易地就已经断定了这一点，我是根据人的心脏和动物的心脏在构造上完全一样，同时也是根据人的心脏的体积本身；就人的心脏的体积而论，如果不是因为运动在心脏中被阻塞了，以及因为在尸体里一切器官都冷却和衰退了，它的运动我们是很容易看到的。如果我们在刚行刑的、尸体还温热的犯人身上立即进行解剖，我们可以看到心脏有一种和被砍头的人的面部肌肉同样的运动。

这个推动整个身体或切割为碎块的肢体的始基就是这样的：它并不像有些人所想象的那样，只是产生不规则的运动，而是产生

很规则的运动;而且不只在热血的、高等的动物中是这样,在冷血的、低等的动物中也是这样。这就使我们的反对派技穷了,除非他闭着眼睛否认千千万万件每一个人都能很容易地证实的事实。

现在,如果有人问我,我们身体的这一种生而具有的力量,存在的位置是在哪里呢?我说,很明显地,它是位于古人所谓的柔膜组织里,也就是说,位于除开静脉、动脉、神经以外的身体各部分的体质本身里,总之,位于整个身体的组织里面。因此,每一个肢体,都按照它的不同的需要,在它本身里面包括着一些活泼程度不同的机栝。

现在我们再来详细地看看人体机器的这些机栝。一切生命的、动物的、自然的和机械的运动,都是这些机栝的作用所造成的。突然面临一个万丈悬崖,不是大吃一惊,身体机械地向后退缩么?像上面所说的,一棒打下来,眼皮不是机械地闭起来么?瞳孔不是机械地在日光下收缩以保护网膜,在黑暗里放大以观看事物么?冬天我们身上的毛孔不是机械地闭起来,使寒气不能侵入内部么?胃脏在受毒物、一定量的鸦片、呕吐剂刺激的时候,不是机械地翻扰起来么?心脏、动脉、肌肉在人入睡的时候,不是和人醒时一样机械地不断伸缩么?肺不是机械地不断操作,就像一架鼓风的机器一样么?膀胱、直肠等等的括约肌,不是机械地发生作用么?心脏不是机械地具有比一切其他肌肉更强大的伸缩力么?在人身上以及在互触腹部的动物身上,甚至在儿童身上,只要阴茎受到刺激,勃起肌不是就机械地使能够勃起的阴茎勃起么?顺便提一下,这就证明在这个器官里面一定有一种特殊的、目前还不大认识的机栝,它产生一些效果,虽然有解剖学所提供的一切知识,我们还没有很好地说明这些效果。

这些人人都知道的、次等的小机栝，我不再多讲了。但是，此外还有一个更奇妙的、更细致的、推动所有这一切机栝的机栝；它是我们一切感觉、快乐、情绪、思想的来源；因为正像我们的腿有它的用来走路的肌肉一样，我们的脑子也有它的用来思想的肌肉。我愿意谈一谈希波克拉特把它叫做ἐνορμῶν[①] 的那个激动的、猛烈的始基。这个始基是存在的，它存在的位置是在脑子里面神经起源的地方，它通过神经，对身体的其余部分行使着权力。这样，一切可以解释的现象，直到想象作用的病态所引起的种种后果，就都可以得到解释了。

但是为了避免材料过分丰富、过分冗长起见，我们只能限于谈谈少数几个问题和我们的解释。

为什么我们看到或是仅仅想起一个美丽的女人，就会引起我们的一些运动和一些特殊的欲望呢？这些运动和欲望发生在我们的某些器官上，它们是由于这些器官的性质本身而来的么？根本不是；这是由这些器官的肌肉和想象作用之间的关联，以及它们两者之间的那种交互影响而来的。这里是有一个最初的机栝，它受到了古人所谓的美色或美人的形象的刺激，立刻又去刺激第二个机栝，而后者当想象作用去唤醒它的时候，还完全处在沉睡状态中：而所有这些，如果不是因为血液和各种动物精神处在忙碌和骚动中，以惊人的速度奔腾起来，跑去把海绵体膨胀起来，这种情况怎样会发生呢？

① 指作为运动的始基的灵魂。——译者

既然母亲和儿童之间有着显明的联系[①]，既然要否认杜尔比奥斯以及很多同样可相信的作者（比他更可信的作者是没有的）所提出的事实是很困难的，因此，我们相信，正是由于上面同样的道理，所以胎儿能直接感受母体的想象作用的影响，就像一块柔软的蜡接受各种形状的模印一样；所以母亲的特点、嗜好等等都能模印在胎儿身上，而这些都是尽管勃隆德尔和他的附和者们怎么说都解释不清楚的。这样，我们也使马尔布朗希神父恢复了他的荣誉，很多作者说他轻信，因而尽情地揶揄了他，这些人自己并没有仔细观察过自然，却想使自然迁就他们自己的观念。

让我们看看这位有名的颇普的肖像吧（他至少是英国人中的伏尔泰），他的精神的种种刚毅有力的征象都清楚地刻画在他的容貌上。他的整个容貌在痉挛；眼睛突出眶外，眉毛随着额角的肌肉高耸着。为什么这样呢？这是因为神经起源的地方正在工作，当然整个的身体也必然会感受到一种临盆的紧张。如果没有一条内部的线索在牵动着许多外部的线索，怎么会产生所有这些现象呢？如果假设一个心灵来解释这些现象，那就等于是说：这是圣灵的作用。

事实上，如果在我脑子里思想的那个东西不是这个器官的一部分，因而也不是整个身体的一部分，为什么当我静静地躺在床上计划写一本书，或是思索一个抽象的问题的时候，我的血液会热起来，我的精神的热力会散布到我的血管里去呢？你拿这个问题去问那些富于想象力的人，去问那些诗人，去问那些遇到一个美好的

① 至少有血液上的联系。是不是就一定没有神经上的联系呢？

感情便狂喜，遇到一味佳肴、自然界的美丽、真理、道德等等便激动的人吧！从他们那样的热情中，从他们所告诉你的体验中，你便可以从结果来推寻原因了；从这一种和谐，从这一种为所有的莱布尼兹主义者所认识不到，但是一个单纯的解剖学家、一个鲍瑞里[①]却认识得很清楚的和谐，你便会认识到人的物质的统一性了。因为问题是在这里：如果说使人痛苦的神经紧张引起发热，发热能使精神困扰、丧失意志，而反过来精神过度疲劳也能引起身体的不安宁，引起一种耗损性的火气，这种火气使贝尔在这样的早年丧失了生命；如果说这么一点小小的刺激能引起我意欲，迫使我强烈地欲求我在前一刹那还完全不在意中的东西，如果脑子里的某些感触反过来又能激起这种要求和这些欲望，那么，试问为什么我们要把明明只是同一的东西说成是两个呢？如果有人大惊小怪地说这样是抹杀了意志，那是徒然的。意志要发一次号令，就要受一百次制约。在健康的时候，身体真是驯顺极了，因为有一大股血液和动物精神的洪流在控制着它；意志有一个由比闪电还敏捷的各种液体组成的看不见的兵团做它的部下，随时供它驱使。但是正因为它是通过神经行使它的威力的，它也就受到神经的限制和束缚。一个力竭的情人，最好的意志、最热烈的欲望能使他恢复失去的精力么？哎哟！可惜是不能；并且正是这个意志将首先受到责罚，因为在某种情形下，要不要快乐并不是它所能决定的。我在上面所说的那种风瘫病，在这里又出现了。

① Giovanni-Alfonso Borelli(1608—1678)，著名的意大利医生兼生理学家；应用数学和物理学于生理学的研究，首先试用力学原理解释人体运动。——译者

黄疸病使你非常惊奇！你不知道物体的颜色决定于我们通过什么颜色的玻璃去看它么？你不知道人的体液是什么颜色，外面的事物也就是什么颜色，至少就我们人这个有千万种幻觉的玩意来说，情形就是这样么？可是你把眼睛里的那种体液的色素去掉，让胆汁仍旧流过它的天然的筛管，这样心灵就换上新的眼睛，也就不再尽看见黄东西了。我们消除了白翳，便可以使瞎子重见光明，打通了欧氏管，就可以使聋子听见声音，情形不也正是一样的么？在那些暧昧的世纪里，有多少人也许只是一些聪明的江湖医生，却相传行了许多伟大的奇迹！那美丽的心灵，伟大的意志，只有在身体条件允许它的时候，才能发生作用，并且它的趣味是随着年龄和狂热而变动的！这样，我们难道还用得着奇怪：为什么哲学家们为了保持心灵的健康，总是注意身体的健康，为什么毕泰戈拉要详细规定饮食，柏拉图要严禁饮酒？如果我们要教育心灵、要培养它对于真理和道德的认识，一个有经验的医生总是提出适合身体健康的饮食，认为这是我们应该服用的一张药方；在疾病干扰、感官混乱的时候，真理和道德都无非是空话而已。如果没有卫生方面的教训，爱比克戴特、苏格拉底、柏拉图等人的说教就是落空的；对于一个生来饮食无节制的人，全部道德学都是不生效的，饮食有节制是一切美德的根源，就像无节制是一切罪恶的根源一样。

是不是还要提出一些理由（可是为什么要无止境地讲那些感性影响呢？希波克拉特用 ενορμω ν 一个字便全都说清楚了）来证明人只是一个动物，或者说只是许多机栝的集合？这些机栝互相推动、互相引发，谁也不能说自然究竟是从哪一点上开始这个人体的循环的。因此，如果说这些机栝彼此有什么不同，那只是位置的不同和力量程度的不同，而绝对没有性质上的不同。因此心灵只是一种运动的始基，或者脑子的一个物质的、感性的部分。这个部分，我们用不着害怕犯错误，可以正确地把它视为整个人体机器的一个主要的机栝，它对其他一切机栝有显明的影响，并且很可能是最先完成的。因此，正像我在下面讲到关于各种胚胎时大家可以清楚地看到的那样，其他的一切机栝都只是这一个机栝的延伸。

我们人这架机器的这种天然的或固有的摆动，是这一架机器的每一根纤维所赋有的，甚至可以说是它的每一丝纤维成分所赋有的，它和钟表的摆动一样，不能永远作用下去。当它松弛下去的时候，就应当使它重新振作起来；当它衰弱下去的时候，就应当给它增添力量；当它由于用力过度而萎缩下去的时候，就应当松放松放它。真正的医学也就在于此。

身体不是别的，就是一架钟表，而它的新的养料就是钟表匠。当养料进入血液的时候，自然的首要任务就是要在血液里引起一种热，这在一心只想着炼炉的化学家们看来，该就是一种发酵作用。这种热使动物精神获得更大的渗透能力，机械地跑去把肌肉和心脏鼓动起来，好像奉了意志的命令似的。

因此，这些就是生命的原因和力量，这些原因和力量就是这样在人生百年之内维持着固体和液体的不断运动，这个运动对于固体和液体都同样是必要的。但是谁能说固体比液体对于生命更重要，或是液体比固体对于生命更重要呢？我们所知道的只是：没有后者的帮助，前者也就立刻消失。液体以它的刺激唤起和维持了血管的弹性，而血管的弹性又是液体的循环作用所依靠的。由于这种情形，所以在死亡以后，每一种生物体的那种天然的机栝，都按照它享有余生的情形,仍然或多或少地保有着活动的能力,一直维持到最后才死去。生命体各部分的这种活力诚然能够借血液循环的力量而维持和增益,但是却并不是依靠血液循环的力量,因为在上面我们已经看到了,生命体各部分的这种活力,甚至不需要完整的肢体或器官也能存在。

我不是不知道,这种看法很多学者是不喜欢的,特别是施塔尔[①]很瞧不起这种看法。这位大化学家想使我们相信,灵魂是我们一切活动的唯一原因。但这是以宗教狂的身份来说话,而不是以哲学家的身份来说话的。

要摧毁施塔尔的假设,是用不着花费我的前辈们那样大的气力的。我们只要看一看一个演奏提琴的人就行了;多么轻捷!手指多么灵活!他的动作如此迅速,使你几乎看不到有任何间歇和连续。我要向施塔尔主义者们询问,或者毋宁说向他们挑战,要他们告诉我:心灵怎样可能这样迅速地进行这样多的动作,进行这样多远离心灵而且在这样多不同的地方的动作?这等于假定有一个吹笛的人,他能在无数笛孔上吹奏出很多美妙的曲调,但是他不知道这些笛子孔,甚至也不知道怎样去按放他的手指。

让我们还是同海格[②]一道说:并不是人人都能进哥林特城的。为什么施塔尔不曾以人的身份比以化学家、实行家的身份更得到自然的宠爱呢?他(真是个幸运的人!)一定是赋有一个和我们都不相同的心灵,一个至高无上的心灵,它不以控制随意肌为满足,

① G. E. Stahl(1660—1734),德国化学家,医生。——译者

② Phillippe Hecquet(1661—1737),巴黎大学医学院院长。——译者

并且能够轻易地控制身体的一切运动，能够随意停止、打消或唤起这些运动！拥有一位这样专制的情妇以某种方式掌握着心脏跳动和血液循环的规律，当然不会有发热，不会有痛苦，不会有倦怠，不会有可耻的不能勃起，也不会有那可恶的勃起不倒的毛病了！心灵怎样想，机栝便怎样活动，就紧张或松弛。但是施塔尔的那些机栝怎么这样快就一下垮台了呢？拥有这样一个大医生的人，应该是不死的了。

再说，施塔尔也不是唯一反对过有机体的振荡原则的人。有很多比他更伟大的人物，在解释心脏的动作、阴茎的勃起等等时，也都没有应用这个原则。我们只要读一下波耳哈维的《医科教程》，便可以知道，这一位伟大的人物因为不承认一切躯体中的一个这样明显的力量，结果逼得满头大汗，用尽他的巨大的天才，去制造了那些复杂和诱人的学说。

威理斯和贝罗[①]是两个天资较低的人，但却是勤勉的自然观察者，而那一位著名的来顿教授对自然的知识，则是从别人那里得来的，可以说是第二手的。他们两个人似乎宁愿假设一个普遍地散布在整个躯体上的心灵，而不采取我们所说的那个始基。但是按照这个原来属于魏吉尔和一切伊壁鸠鲁派的假设，按照这个在初看之下水螅的生活史似乎对它有利的假设，在已死的动物体上继续存在的那些它原有的动作，是由于一种心灵的残余而来的，那些抽搐着的部分已经不受血液和动物精神刺激的时候，仍然保留着这样一种心灵的残余。从这里我们看到，这两位的踏实的著作

① Claude Perrault(1613—1688)，法国医生兼数学家、建筑师。——译者

胜过了一切哲学神话的作家，只是和那些曾经赋予物质以思维能力的人一样，犯了同一类型的错误，就是说，错误在于说话含糊，用了一些晦涩的、毫无意义的名词。真的，什么叫做心灵的残余，如果它不就是莱布尼兹主义者所谓的推动的力量？它被这样一个名词说得含含混混，但是贝罗却真正窥测到了一些真相。请参看他写的《论动物的机械作用》一书。

和笛卡尔主义者、施塔尔主义者、马尔布朗希主义者以及各种不值一提的神学家们的意见相反，现在已经清楚地证明了物质是能自行运动的，不单是有组织的物质，例如一个完整的心脏，是如此的，甚至当这种组织受到破坏时，也是如此；这样，人们的好奇心也许就想知道，一个物体，如何由于在起初赋有了一口气的生命，接着便得到了感觉的能力，而最后由于感觉的能力便得到了思维的能力。天哪，为了彻底解决这个问题，有些哲学家什么气力没有花过！有什么关于这个问题的废话我没有耐心地读过！

经验所告诉我们的一切是：在一条或几条纤维里，只要还有运动没有完全消灭，无论这运动已经是怎样的微小，只要刺它一下，就可以使濒于消灭的运动重新恢复起来，这一点正是在上面我为了摧毁那些学说而列举的无数事实中所见到的。由此可见，运动和感觉永远是互相激动的，无论在一个完整的机体里面，或是当它的机构已被破坏以后，都是如此。此外更不必再举出很多植物的例子了，这些植物似乎提供出很多同样的现象，可以说明这种感觉和运动的联系。

再说，有多少杰出的哲学家已经证明，思想原来只是感觉的一种功能，而理性的心灵也只是用来对观念进行思索和推理的感性心灵罢了！这一点由下面一件事就可以得到证明：当感觉熄灭的时候，思想也就熄灭了，例如在癫痫、中风、麻痹等病症中，都是如此。有些人主张在这些昏厥性的疾病里，虽然心灵已经完全记不起它原有的那些观念，但是它仍旧在思想，这显然是一个可笑的主张。

关于这种发展过程，是只有疯子才会花费时间去追究它的机械程序的。对于我们，运动的性质和物质的性质一样，都是不知道的。用什么方法可以解释运动的发生，如果不是又和"心灵史"的作者一样，去复活那个古老的、不可理解的本质的形式的学说！因此我非常自安于不知道物质如何从一个死的、简单的东西变成一个活的、由许多器官组成的东西，就像我们不能不安于用红色的玻璃来观看太阳一样；同样，我也完全心安理得地来对待自然界的其他一些不可解的奇迹，来对待怎样从一个在我们以前狭隘的目光看来只是一小撮尘土的生物里产生出思想和感情的问题。

我只要求大家同意一点：有机物质赋有一种运动始基，这个始基是有机物体与无机物体的唯一区别（嗳！人们在最无可争辩的观察面前还能否认这一点吗？）；其次，像我已经充分证明过的那样，动物界的一切都取决于物质组织的不同；这就足够可以解释各种事物的谜和人类的谜了。我们看到，宇宙间只存在着一种物质组织，而人则是其中最完善的。人和猩猩相比，和动物里最聪明的动物相比，就像惠更斯的行星运行仪和尤利安·勒罗阿[①]的一只表相比一样。如果为了刻画天体的运行，比刻画时间、敲打钟点需

① Julien le Roi，一个著名的钟表匠。——译者

要更多的工具、更多的齿轮和更多的机栝；如果服岗松[1]为了制造一个吹笛子的人，一定比制造他的鸭子需要更多的技巧，那么，如果他制造一个会说话的人，当然就需要应用更多的工具和更多的技巧了：这个机器今天不能再认为是不可能的了，特别是在一位新的普罗米修斯[2]的手里。因此自然也同样需要花费更多的技巧和更多的工具，才造成和维持一架在整整百年之间表现心脏和精神的跳动的机器；因为虽然我们从脉搏上看不出时辰来，但是它至少是测量热力和生命力的压力计，凭着这个热力和生命力，我们就可以判定心灵的性质了。我完全没有弄错，人的身体是一架钟表，不过这是一架巨大的、极其精细、极其巧妙的钟表，它的计秒的齿轮如果停滞不走了，它的计分的齿轮仍能继续转动和走下去；它的计秒和计分的齿轮如果因为腐锈或其他原因受阻不走了，它的计刻的齿轮以及其他种种齿轮，仍能继续转动着走下去。因为，某些血管的阻塞并不能破坏或停止人体运动的中枢力量，这种力量存在于心脏里面，就像存在于一架机器的原动部分里一样；因为，反过来，血液的数量减少了，流通的途径也缩短了，因此愈是心脏由于在血管末端遇到了障碍而增加它的力量，血液就受到新的刺激，愈是以更大的速度在缩短的血管里奔跑起来，岂不正是这样吗？当视神经单独受到阻碍因而限制事物映象通过的时候，视觉的丧失岂不是并不妨碍听觉的应用，就像当柔质部分的机能被损坏的时候，听觉的丧失并不包含着视觉的丧失一样吗？一个人可以听得

① Jacques Vaucanson(1709—1782)，法国著名的活动玩具制造家。——译者

② Promethée，希腊神话中创造人类的神。——译者

见，但是不能告诉人（除非在病症过去以后）他听到的东西，而另一个人什么也没有听到，但是因为他脑子里的语言神经失却控制，便不由自主地叙说着他脑子里发生的一切梦想，岂不正是这样吗？这些现象在那些明智的医生们看来是毫不奇怪的。他们知道该从哪里入手去了解人的性质；再顺便提一下：在两位医生中间，依我看来，更好的、更值得我们信任的那一位，总是对于物理或人体的机械作用更熟悉的那一位，总是把心灵以及心灵这个幻想出来的东西使傻子和无知的人发生的一切不安丢在一边，而只是认真研究纯粹的自然作用的那一位。

让骄傲的沙尔普先生去嘲笑那些主张动物是机器的哲学家吧。我可是和他们的想法不一样！我认为笛卡尔既然生在一个他原来不该去启发的时代里，而能够认识到经验和观察的价值，以及忽视经验和观察的危险，那他就是一个在各方面都很可敬的人。我完全有理由在这里郑重其事地给这位伟大的人物恢复名誉，替那些渺小的丑角式的哲学家和洛克的那些低劣的模仿者向他赔礼。这些人与其不逊地指着鼻子嘲笑笛卡尔，不如好好地想一想：如果哲学的领域里没有笛卡尔，那就和科学的领域里没有牛顿一样，也许还是一片荒原。

的确，这位有名的哲学家有很多的错误，谁也不否认这一点。但是无论如何他把动物的性质认识清楚了；他第一个完满地证明了动物是纯粹的机器。在有了这样一个重要的、需要很大的智慧的发现之后，如果不是忘恩负义，还能不原谅他的这一切错误！

这些错误，在我看来，都由这个伟大的证明而得到补偿了。因为虽然他高唱两种实体，但是显然可见，这是一种手法，一种狡猾的笔法，目的在于使神学家们把隐藏在一种类比下面的毒药吞下肚子去，这种类比任何人都看得清清楚楚，只有神学家们才看不见。因为正是它，正是这种鲜明的类比，使一切学者和真正的法官们不得不承认，这些自大的、虚荣的、与其说以人的称号毋宁说以他们的傲慢著称的生物，任凭他们怎样一心抬高自己，归根结底却只是一些动物和一些在地面上直立着爬行的机器而已。这些生物有这么一种奇妙的本能，教育能使这种本能成为才智。这种本能的位置总在大脑里面，如果大脑有缺陷，例如失去大脑或大脑硬化时，便在延髓里面，但是永远不在小脑里面；因为我曾看到过小脑受到很大的损伤，别人[①]也见过小脑患硬化癌肿，但是心灵的机能仍然不停止。

人是机器，但是他感觉、思想、辨别善恶，就像辨别蓝颜色和黄颜色一样，总之，他生而具有智慧和一种敏锐的道德本能，而又是一个动物。这两件事是并不矛盾的，至少不比作为一只猢狲或一只鹦鹉而又能够寻欢作乐更矛盾。因为，既然说到这里也不妨提一下，谁又曾经先天地料想到过，交媾时射出来的一滴精液竟能使人感到神圣的快乐，并且由此产生出一个小小的动物，这个小动物按照一定的法则，到某一天便也能同样享受这些无上的乐趣呢？我认为，思想和有机物质绝不是不可调和的，而且看来和电、运动的能力、不可入性、广袤等等一样，是有机物质的一种特性。

大家还要求举出一些新的观察么？下面我们就有一些观察，它们都是无可争辩的，并且它们都证明：正像我们在上面认为需要

① 哈勒尔在“哲学通报”中所说。

加以比较的那些方面一样，在起源方面，人和动物也是完全相像的。

我谨向我们的观察家们的良心呼吁。请他们告诉我们是不是人最初只是一个精虫，这个精虫变成了人，就像一条毛虫变成蝴蝶一样。许多伟大的作家[①]已经告诉了我们，应该用什么方法来观察这些极微小的生物。所有好奇的人，如哈祖克尔[②]，都曾在男人的精液里，而不是在女人的精液里，看到了这种生物；对这一点只有蠢人才有过怀疑。我们知道每一滴精液包含着千千万万的精虫，当它们被射向卵巢的时候，只有那最强健、最机灵的一个精虫才有能力进入卵巢并移植到女人所产生的卵子里，卵子也供给了它最初的养料。这个卵子有时候我们可以在喇叭管里看到，它沿着这输卵的喇叭管进入子宫，在那里生下根，就像一颗麦子在地里生下根一样。这个卵子虽然在子宫里经过九个月的生长，成了一个巨大的怪物，但是除了它的皮(所谓羊膜)永远不会硬化并且能够无限制地延伸以外，它和其他雌性动物的卵是没有任何区别的，这一点如果我们把一个尚在母体中正要出生的胎儿(我有幸在一个临产前死去的女人身上看到过)和其他在种类上和他很相似的小胚胎加以比较，就很容易看出来的；因为那时候我们会看到，这无非是蛋壳里的卵和卵里的动物；这个动物觉得它的活动受了限制，便本能地想要出生；而为了做到这一点，它就用头来攻破那一层膜，它就从那里出来了，就像小鸡、小鸟等等破壳而出一样。我

① 如波耳哈维在《医科教程》中所说，以及很多别的作家所说。

② Hartsoeker(1656—1725)，荷兰医生。——译者

再补充一个观察，那是我在别处从未见过的，就是那羊膜任凭怎样伸展，却不因此而变得更薄；在这一点上它和子宫很相像，子宫壁能够因为养料的渗透而膨胀起来，但和它的一切血管的充血和伸展并没有关系。

我们来看一看人在他的壳里和壳外的情形；让我们用一架显微镜来观察一下最初期的胚胎，四天的、六天的、八天的或十五天的；十五天以上的胚胎肉眼便能看见了。我们看见些什么呢？只有一个头：一个很小的、圆圆的卵，上面有两个很小的黑点，那就表示是眼睛。在这时候以前，一切就更不成形状了，我们只看见一块髓质的东西，那就是脑髓；在脑髓里首先形成了神经的原点，或者感觉的始基，同时也形成了心脏，心脏在这时候已经具有自身的跳动的能力了，这就是马尔丕基所谓的跳动点，它的跳动能力有一部分也许已经是由于神经的影响了。这以后，一点一点地，我们看到头脑渐渐伸展出来成为脖子，脖子又扩大，于是便形成了胸腔，这时候心脏已经下降，在胸腔里固定下来。这以后又产生了下腹部，有一层膜（横膈膜）把它隔开来。这样不断扩展，在一端就产生了胳臂、手、手指、指甲、毛发；另一端就是大腿、小腿、脚等等；大家知道的，手脚的不同只是在于位置，一方面成为身体的支撑部分；另一方面成为身体的平衡部分。这是一种显著的植物性的生长。在这里，是一些头发覆盖着头颅，在那里，是一些草儿和花儿。总之，处处都显示出自然的华美。而最后，在我们心灵所在的地方也同样安置着那些植物的芬芳精髓，这是我们人体的另一个精华。

这也就是大家开始觉察到的自然界的齐一性，以及动物界与

植物界、人与植物的相似的情形。是不是也许甚至于还可能存在着一些动物性的植物，亦即一些具有植物性的生长，而又和水螅一样互相厮打，或者发出另外一些动物性的机能的植物呢？

这就差不多是我们现在所知道的关于生殖作用的一切了。有人认为，像有些伟大的作家们所叙述的那样，有一些互相吸引的部分，这些部分之所以造成，是为了互相结合和占据某个地位，它们根据双方的性质互相结合起来，便造成了眼睛、心脏、胃以至于整个的身体；这种情形也是可能的。但是因为在这些微妙的问题上实验不能帮助我们，因此我不去做什么假设，而只是把我的感官所不能觉察的东西当成一个不可测的秘密。男女交媾的时候双方精液相遇，这是非常罕见的，所以我毋宁相信在生殖作用上女方的精液是不起什么作用的。

但是没有这样一种很方便的男女双方的作用，又怎样去解释某些现象呢，例如这个作用便很方便地解释了子女和父母相似的问题，有时候像父亲，有时候又像母亲。可是另一方面，仅仅为了一个解释上的困难，难道便应当抹杀一个事实么？在我看来，无论在一个睡着的女人身上，还是在一个最狂荡的女人身上，都是男人做了全部的工作。这样说来，那些部分似乎应该是在男人的精子或者精虫里早就安排好了。但是，所有这一切都是大大地超过了最敏锐的观察者的能力之外的。因为他们什么都捉摸不到，因此他们也就像一只鼹鼠不能判明麋鹿所能奔跑的道路那样，不能判明人体的形成和发展的机械作用了。

在自然的范围内，我们也就是一些真正的鼹鼠；我们在自然里，也只是走了鼹鼠的一段行程。只是因为我们的傲慢和不逊，所以才给本来无限的东西加上了很多限制。在这种情形下我们就像一只钟表(有一位寓言家在一篇游戏文章里把它描写成一个了不起的人物),它说,“怎么!是这个蠢钟表匠把我造出来的吗?我,我能划分时间,我能丝毫不错地刻画太阳的行程!我能高声吆喝我所指出的钟点!不,这是不可能的。”我们的情形就和它一样。忘恩负义到这种地步,居然瞧不起这个一切领域(像化学家们所说的一样)的共同母亲了!我们想象出,或者毋宁说假设出一个更高的原因,高于我们从而得到一切的那个原因,高于以不可思议的方式真正地创造了一切的那个原因。不,物质并没有什么不体面;只是在那些愚蠢的、在物质的最辉煌的业绩里仍旧看不见物质的人眼里,物质才是不体面的;并且自然也绝不是一个蠢笨的匠人。一个钟表匠要花很大的力气才能制造一架最复杂的钟表,但是自然却非常胜任愉快地创造了亿万个人。它的能力既显现在最低微的小虫的产生上,也同样显现在最了不起的人的产生上;动物界并不比植物界需要自然花更大的力量,一个最美好的天才也不比一束麦穗需要自然花更大的力量。因此我们就凭我们所见到的来推知我们好奇的眼睛和我们的学问所看不见的东西吧,而不要越过这个界限以外去作什么想象。我们来观察猴子、水獭和象等等的动作吧。如果说这些动作没有心智是显然不可能产生的,那么为什么不肯承认这些动物也有心智呢?可是如果同意它们也有一个心灵,宗教狂热者们,你们就完蛋了!你们说你们丝毫不肯定这个心灵的性质,同时又剥夺了它的不朽性,但是这是徒然的;谁看不出来这只是一钱不值的废话呢!谁看不出来,管它是不朽的还是有死的,反正它和我们的心灵是一样的,反正它的命运和我们的心灵一样！这真是叫做想避开卡吕布德岩石，却碰上斯居拉岩石[①]了。

把你的偏见的锁链打碎，把经验的火炬高高举起，你就会给自然以应有的荣誉，而不会从自然给你的无知中得出菲薄自然的结论了。睁开你的眼睛，丢掉那些你不可能了解的东西，你就会看到，这个聪明和见识不出他的田亩范围以外的农夫，本质上和最伟大的天才并没有什么区别，如果我们解剖笛卡尔或牛顿的脑子，这一点便可以得到证明；你将会懂得，白痴、傻子只是一些具有人形的畜生，而充满智慧的猴子却是一个具有不同外貌的小小的人儿；最后，既然一切都绝对地是由组织的不同所决定的，所以一个构造得十分完善的动物，如果我们教给它天文学，它就会预测日月食，如果它肯对希波克拉特学派和临床治病花费一点时间的才能和精力，它也就会预期病愈或死亡了。就是凭着这一系列的观察和真理，我们才终于把思维这个可贵的特质联系到物质上去，虽然我们并不能够看见这些联系，因为对具有这个属性的主体的本质我们是什么也不知道的。

我们不要说整个机器或整个动物在死亡以后是完全消灭，或是换上另一形式，因为关于这个我们绝对地一无所知。但是肯定一架不死的机器是一个幻想出来的东西，或是一个理性上的东西，这样的推断和一条毛虫的推断是差不多同样荒谬的；毛虫看到它的同类的蜕化，痛楚地悲悼它的种类的命运，认为它消灭了。这些毛虫的心灵（因为每一个动物都有它的心灵）不能够了解自然的无穷变化。从来就不曾有过一条最聪明的毛虫会想象到它一朝会变

① Charybdc 和 Scylla 是麦西拿海峡中对峙的两个石壁。——译者

成蝴蝶。我们的情形也是一样。我们连自己的来源都不知道，又怎能知道我们的命运呢？让我们安于这个不可克服的无知吧，它是我们的幸福所依托的条件。

一个人如果这样思想，就是一个明智、正直、安于他的命运并因此快乐的人。他接近死亡的时候，既不怕死，也不求死。他热爱生命，不了解在这个充满快乐的世界上憎恶怎样能腐蚀一个人的心；由于从自然得到感情和恩泽，他充满着对于自然的尊敬，充满着感激、爱戴和热情，他乐于亲近自然，喜爱宇宙万事万物的美丽，绝不会损毁自己或别人心里的自然的感情。还不止如此，他充满着人道的爱，热爱人的品格，以至他的仇敌身上所表现的品格。试想他怎样和人相处吧！他怜悯恶人，而并不恨他们；在他看来，这只是一些在构造上有错误的人。但是他一方面原宥精神和肉体构造上的缺陷；另一方面又赞美精神和肉体的优美和德性。在他看来，一个受自然宠爱的人，比一个受自然的后母似的虐待的人更值得我们尊敬。正是这样，所以我们看到，自然禀赋这种一切后天品质的来源，无论在唯物论者的内心或口头上都得到一种尊重，这种尊重，其他一切人都是不公正地加以拒绝的。最后，一个彻底的唯物论者，尽管他的内心的虚荣也许会说：他只是一架机器，或只是一只动物，但是他却绝不会残酷地对待他的同类，他非常明了这样的行为的性质，它的不人道性是和上面叙说的与动物的相似永远成正比例的；用一句话来说，他是凭着整个动物界所共有的自然法则，不愿意对任何人做一件己所不欲的事情的。

因此，让我们勇敢地作出结论：人是一架机器；在整个宇宙里只存在着一个实体，只是它的形式有各种变化。在这里，这个结论

绝不是一个由于需要或假想而提出来的假设;它绝不是偏见的产物,甚至也不仅仅是我们的理性的产物。如果不是因为我的感官高举着火炬,照亮了理性的路,并指示我跟着它前进的话,对于理性这样一个我认为不是很可靠的向导,我也许会瞧不起的。因此经验在我面前为理性讲了话;就是这样,我把经验和理性结合在一起了。

但是,大家应该已经看到:我所引用的那些推理,即便是最严格、最直接的推理,也没有一个不是经过大量的物理观察才提出来的,这些观察是没有一个科学家会不同意的;因此也只有这些科学家们,我才承认有资格判断我从观察中所得出的那些结论,一切胸怀偏见的人是没有这个资格的,他们既不是解剖学家,也不懂得这里所讨论的唯一的哲学:人体的哲学。神学、形而上学、经院哲学这些脆弱的芦苇,怎样能对抗这样一棵牢固、坚实的橡树呢?这些玩具似的武器就像我们客厅里挂的刀剑一样,用来斗剑娱乐是可以的,但是丝毫不能损伤敌人。用不着说,我指的就是那些空洞、烦琐的观念,那些千篇一律的可怜的理论,硬说有两个不断地互相接触、互相影响的实体绝对不相容地对立着;只要偏见或迷信还在地面上留着影子,这样的滥调是不会停止的。这就是我的体系,或者毋宁说这就是真理,如果我没有太错的话。它是简捷的。现在谁愿意辩论就请起来辩论吧!

图书在版编目(CIP)数据

人是机器/(法)拉·梅特里著;顾寿观译.—北京:商务印书馆,2017
(汉译世界学术名著丛书:120年纪念版:珍藏本)
ISBN 978-7-100-14721-7

Ⅰ.①人… Ⅱ.①拉… ②顾… Ⅲ.①机械唯物主义—法国—近代 Ⅳ.①B565.299

中国版本图书馆CIP数据核字(2017)第159812号

汉译世界学术名著丛书
(120年纪念版·珍藏本)
人是机器
〔法〕拉·梅特里 著
顾寿观 译

商 务 印 书 馆 出 版
(北京王府井大街36号 邮政编码100710)
商 务 印 书 馆 发 行
北 京 冠 中 印 刷 厂 印 刷
ISBN 978-7-100-14721-7

2017年12月第1版 开本710×1000 1/16
2017年12月北京第1次印刷 印张5
定价:28.00元